ROWOHLT
BERLIN

Maria Seidemann

Rosa Luxemburg und Leo Jogiches

Die Liebe in den Zeiten der Revolution

Rowohlt · Berlin

PAARE Herausgegeben von Claudia Schmölders

1. Auflage Juli 1998
Copyright © 1998 by Rowohlt Verlag GmbH, Berlin
Alle Rechte vorbehalten
Umschlaggestaltung Walter Hellmann
(Fotos: Stiftung Archiv der Parteien
und Massenorganisationen der DDR
im Bundesarchiv, Berlin)
Satz Berling PostScript QuarkXPress 3.32
Gesamtherstellung Clausen & Bosse, Leck
Printed in Germany
ISBN 3 87134 295 5

Für Rainer und Sebastian

Inhalt

Reifeprüfung

Die Fotografie stammt aus einer längst versunkenen Zeit: ein Mädchen im hochgeschlossenen braunen Schulkleid, das dunkle Haar straff zurückgenommen; das Antlitz ein sanftes Oval mit vollen Lippen, großer Nase, schön gewölbten Brauen. Dies soll eine der bedeutendsten Frauen in der europäischen Geschichte sein? Die bedeutendste unseres Jahrhunderts womöglich? Wer ist die junge Person? Es handelt sich um Rosa Luxemburg, Theoretikerin in der Nachfolge von Karl Marx, als Politikerin und Revolutionärin Lenin und Trotzki ebenbürtig; aber als dieses Foto entstand, hieß sie noch Rozalia Luksenburg und war Gymnasiastin in Warschau, siebzehn Jahre alt.

Hübsch ist dieses stille Gesicht nicht. Klugheit strahlt es aus, Stolz und eine gewisse Strenge. Auf die Rückseite des Bildes hat Rozalia für ihre Freundin geschrieben: «Mein Ideal ist eine solche Gesellschaftsordnung, in der es mir vergönnt sein wird, alle zu lieben. Im Streben danach und im Namen dieses Ideals werde ich vielleicht einmal imstande sein zu hassen.»

Das ist ein ziemlich ungewöhnliches Bekenntnis – in dieser Zeit, für diesen Anlaß: nach dem Abitur, im Sommer 1887, als die Schulkameradinnen auseinandergehen und Erinnerungsfotos austauschen, versehen mit den damals üblichen sentimentalen Widmungen. Rasch werden diese Mädchen heiraten, eine nach der anderen, Ehefrauen von Beamten, Kaufleuten, Akademikern werden, dann Mütter, dann Matronen.

Rozalia nicht. Sie suchte und beschritt einen ganz anderen Lebensweg. Die merkwürdige Widmung auf dem Bild zeigt, daß dieses Mädchen einem starken Traum anhing; dem

9

Traum von einem anderen, besseren Leben. Um diesen Traum zu verwirklichen, das wußte Rozalia damals schon, bedurfte es nicht nur guter Absichten. Das junge Mädchen hatte bereits ziemlich genaue Vorstellungen davon, wer und was ihrem Traum entgegenstand, wer und was bekämpft werden mußte. Das frühe Feindbild war genährt worden durch die Lektüre eines verbotenen, illegal in Warschauer Schüler- und Studentenkreisen kursierenden Büchleins von Karl Marx und Friedrich Engels, des *Kommunistischen Manifests*. Mehrere Generationen jugendlicher Träumer, Schwärmer und Suchender hatten sich schon faszinieren lassen von dem Ideal einer zukünftigen Gesellschaft, «in der die freie Entwicklung eines jeden die Bedingung für die freie Entwicklung aller ist».

Für die siebzehnjährige Abiturientin Rozalia aber wurde diese Vision zum Lebensprogramm. Wenn man sich einliest in den eindringlichen Stil des Manifestes, wenn man bedenkt, daß dies die erste, einem breiten Lesepublikum verständliche Analyse der bürgerlichen Gesellschaft war, die zugleich die Utopie ihrer Überwindung skizzierte, und wenn man sich vor Augen hält, unter welchen Lebensumständen dieser Text im neunzehnten Jahrhundert, in einem von russischer Fremdherrschaft geknechteten Polen gelesen wurde – dann kann man sich vorstellen, welch suggestiver Sog von diesem schmalen Heft ausging, wie begeistert und hingebungsvoll es studiert und auswendig gelernt wurde, ehe es der nächste Leser heimlich entgegennahm. Karl Marx gehörte gewiß nicht zum Bildungsgut der Familie Luksenburg. Trotzdem kann es als sicher gelten, daß Rozalia die erste polnische Ausgabe des *Kommunistischen Manifests* kannte.

Als jüngstes von fünf Geschwistern war Rozalia am 5. März 1870 zur Welt gekommen. Ihre Familie lebte damals in Zamoscz, einer polnischen Kleinstadt im Gouvernement Lublin, die unter seinen Einwohnern einen großen Anteil Juden hatte. Zu ihnen gehörte der Holzhändler Elias Luksenburg, Rozalias Vater.

Zu dieser Zeit existierte das Land Polen nur noch in den Köpfen und Herzen seiner Bewohner. Im Gefolge mehrerer Kriege war Polen schon am Ende des 18. Jahrhunderts zerstückelt und unter seine Nachbarn Rußland, Österreich und Preußen aufgeteilt worden. Sowohl Zamoscz als auch Warschau lagen in Russisch-Polen. Rozalia wuchs als russische Untertanin auf.

Das autokratisch regierte Zarenreich kannte weder Verfassung noch Parlament. Ein aufgeblähter und korrupter Beamtenapparat lastete auf der Bevölkerung und erstickte jedes rebellische Aufzucken. Besonderen Schrecken verbreitete die Ochrana, die zaristische Geheimpolizei. Wer aufmuckte, konnte ohne Gerichtsverfahren auf administrativem Wege nach Sibirien zur Zwangsarbeit geschickt werden, konnte auf Nimmerwiedersehen in einem Festungsverlies verschwinden oder am Galgen enden.

Die Polen hatten sich nie mit der Einverleibung ihrer Heimat in das Russische Reich abgefunden. Mehrmals erfaßten gewaltige Rebellionen das ganze Land. Der letzte Aufstand von 1863 hatte zur Folge, daß einerseits der Druck der russischen Obrigkeit verstärkt wurde, andererseits das polnische Bürgertum Möglichkeiten zur wirtschaftlichen Entfaltung erhielt – das war ein geschickter Schachzug, denn von nun an sangen große Teile dieses Bürgertums statt der verbotenen polnischen Hymne lieber *Gott erhalte uns den Zaren*. Das Streben nach Reichtum verdrängte die revolutionären Gefühle.

«Es war die Ära der Gaslampen», schreibt der Schriftsteller Isaac Bashevis Singer, dessen Romane das damalige Polen heraufbeschwören; «die Zeit, als die Polen sich schließlich mit dem Verlust ihrer Unabhängigkeit abgefunden hatten und sich einer Art nationalem Positivismus zuwandten. Polen entwickelte sich nun zu einem Industrieland; Eisenbahnen wurden gebaut, Fabriken öffneten ihre Tore, und die Städte wuchsen rasch. Die Juden, die bis 1863 meistens noch in einer Ghettoatmosphäre lebten, begannen nun, eine wichtige Rolle in der polnischen Industrie, im Handel, in Künsten und Wissenschaften zu spielen. Alle geistigen und intellektuellen Ideen, die in der modernen Zeit triumphierten, hatten ihre Wurzeln in der Welt jener Zeit – Sozialismus und Nationalismus, Zionismus und Assimilation, Nihilismus und Anarchismus, Suffragettentum, Atheismus, die Schwächung der Familienbande, freie Liebe und sogar die Anfänge des Faschismus.»

Als Rozalia drei Jahre alt war, zog die Familie nach Warschau. Den Anstoß für diesen Umzug mag die Choleraepidemie gegeben haben, die 1873 das Gouvernement Lublin heimsuchte. Viele Familien gingen damals aus Zamoscz fort, darunter auch einige, die mit den Luksenburgs befreundet waren. Rozalias Vater hoffte, mit der Übersiedlung in die Großstadt seine geschäftliche Situation zu verbessern. Außerdem wünschten sich die Eltern bessere Bildungsmöglichkeiten für ihre drei Söhne. In Warschau lebte die Familie allerdings in recht unsicheren materiellen Verhältnissen. Es gelang nicht, eine Mitgift für die älteste Tochter Hannah zusammenzusparen. Diese Schwester, der Rozalia sehr ähnlich sah, hatte ein Hüftleiden, sie hinkte. Rozalia litt unter der gleichen angeborenen Hüftgelenksdeformation. Von Kindheit an bemühte sie sich, ihr Hinken zu überspielen und die Schmerzen beim Gehen zu verbergen.

Für die jüngste Luksenburg-Tochter war der Umzug ihrer Familie in die Großstadt ein folgenreiches Ereignis, wahrscheinlich bestimmte er sogar die Richtung, die ihr späteres Leben nahm. Sie kam aus der durch die jüdische Religion geprägten Provinz in eine moderne Metropole mit einem vielfältigen, durch die Einflüsse von Industrie und Politik bestimmten öffentlichen Leben. In Warschau erhielt sie die Möglichkeit einer guten Schulbildung (die ihre ältere Schwester nicht bekommen hatte), und hier kam sie auch mit der sozialistischen Ideologie in Berührung.

Die Mutter, Lina Luksenburg geb. Löwenstein, war eine gebildete Frau; sie unterrichtete Rozalia selbst, ehe das Mädchen als Zehnjährige ins Zweite Warschauer Mädchengymnasium aufgenommen wurde. Bereits als kleines Kind lernte Rozalia, sich in einer präzisen, bildhaften Sprache auszudrücken, sie schrieb Verse, Erzählungen und vor allem viele Briefe an Familienmitglieder, die innerhalb der Wohnung von einem Zimmer ins andere befördert wurden und auf deren Beantwortung die Absenderin nachdrücklich bestand. Zeitlebens blieb sie eine passionierte Briefschreiberin.

Klassisches deutsches Bildungsgut war in der Familie heimisch, vor allem mit Schiller trieb die Mutter einen wahren Kult, der Rozalia die Lektüre dieses Dichters für lange Zeit verleidete. Alle Familienmitglieder sprachen neben der polnischen Muttersprache Deutsch und natürlich Russisch. Jiddisch war im familiären Sprachgebrauch als *Jargon* verpönt, obwohl die Familie sich nicht vom jüdischen Traditionsleben abgetrennt hatte. Der Vater hatte eine Rabbinerschule besucht, ehe er das väterliche Geschäft übernahm. Die Mutter entstammte einer berühmten Rabbinerfamilie und achtete darauf, daß die jüdischen Feiertage eingehalten wurden. Rozalias Eltern fühlten sich der Haskala, der jüdischen Aufklärung, verbunden und führten kein orthodoxes Leben.

Aber ob man Jude sein wollte oder nicht, konnte sich niemand in der Familie Luksenburg aussuchen – kein Jude im Zarenreich konnte das. Die Juden waren einer diskriminierenden Sondergesetzgebung unterworfen, sie waren von vielen Berufen, vielen Bildungsmöglichkeiten ausgeschlossen. Und immer wieder gab es Pogrome. Am Weihnachtstag des Jahres 1881, Rozalia war elf Jahre alt, tobte eine antisemitisch aufgeputschte Menge durch die Straßen, in denen vorwiegend jüdische Geschäftsleute mit ihren Familien lebten. Auch in der Zlotastraße, wo die Luksenburgs wohnten, wurden Häuser und Läden geplündert, wurden jüdische Bewohner gedemütigt und verletzt. Der Romancier Singer beschreibt das Ereignis: «Die Prügeleien, die Plünderungen, das Zerschmeißen der Fensterscheiben, die Zerstörung der Möbel, das Zerfetzen der Bettücher dauerte drei Tage. Zweiundzwanzig Juden lagen verwundet in den Krankenhäusern.» Die Polizei und die Behörden unternahmen in solchen Fällen nichts.

Russisch-Polen mit der Hauptstadt Warschau war das größte der drei polnischen Teilgebiete. Infolge der aufstrebenden Industrie waren hier sowohl das Bürgertum als auch die Arbeiterschaft viel zahlreicher als in den beiden anderen Teilen. Die von den einheimischen Unternehmern und der Fremdherrschaft doppelt unterdrückten Arbeiter lebten in unvergleichlich elenderen Verhältnissen als die Arbeitnehmer anderer Industriestaaten. Sie erhielten geringere Löhne, die Arbeitsbedingungen und die Wohnverhältnisse waren katastrophal, das Lebensniveau insgesamt sehr niedrig.

Die Arbeiter hatten keinerlei Rechte – ganz anders als in Westeuropa. Es gab keine Gewerkschaften, keine Partei. Wer sich politisch betätigte, mußte mit grausamen Strafen rechnen – Festungshaft in Ketten, Verbannung nach Sibirien, Zwangsarbeit, Hinrichtung.

Trotz dieser Repressalien erhob sich knapp zwei Jahrzehnte nach dem Scheitern des letzten Aufstandes eine neue revolutionäre Kraft: 1882 gründete Ludvik Warynski die erste sozialistische Organisation Polens, die Partei *Proletariat*. Diese Partei wuchs rasch und hielt Verbindung zu russischen Untergrundorganisationen. Eine dieser russischen Gruppen verübte 1881 ein Attentat auf den Zaren, an dem auch polnische Verschwörer beteiligt waren. Die Organisatorin des Anschlags, Sofia Perowskaja, wurde als erste Frau im Zarenreich zum Tode verurteilt und hingerichtet.

Der Nachfolger des ermordeten Zaren, Alexander III.,

hetzte seinen gesamten Beamtenapparat, die Armee und die Ochrana gegen jedes noch so kleine rebellische Aufflackern in Polen. Besonders spürten diese neue Härte die Anhänger der *Proletariat*-Partei. Schon ein Jahr nach der Gründung fielen die meisten Mitglieder einer Verhaftungswelle zum Opfer. Warynski verschwand hinter den Mauern der berüchtigten Festung Schlüsselburg, auf einer Insel im Ladogasee gelegen, wo er nach jahrelangem Siechtum in Ketten starb. Seine Nachfolge in der illegalen Bewegung übernahm die zweiundzwanzigjährige Maria Bohuszewicz. Auch sie wurde gefaßt und starb in einer Kolonne von Verurteilten an den Strapazen des wochenlangen Fußmarsches nach Sibirien. 1886 wurde eine größere Gruppe von Parteimitgliedern in Warschau abgeurteilt, vier von ihnen wurden an den Hängen der Warschauer Zitadelle zum Galgen geführt.

Alle diese Ereignisse fielen in Rozalias Schulzeit. Natürlich waren weder der Zarenmord noch die Hinrichtungen oder gar die *Proletariat*-Partei offizieller Gesprächsstoff im Gymnasium und sicher auch nicht am Abendbrottisch der Familie Luksenburg. Aber besonders das Schicksal der beiden Frauen Sofia und Maria beschäftigte die Warschauer Jugend, und auch Rozalia erinnerte sich zeitlebens daran.

Die Gymnasialbildung für Mädchen war ein Privileg für Töchter der russischen Oberschicht und wohlhabender Polen. 1887 bestimmte ein Erlaß, daß die Kinder weniger bemittelter Eltern von der höheren Bildung fernzuhalten seien, um in ihnen keine soziale Unzufriedenheit zu wecken. Jüdische Bewerberinnen unterlagen schon vorher einem strengen Numerus clausus und mußten außergewöhnliche Voraussetzungen mitbringen, um überhaupt in ein Gymnasium aufgenommen zu werden. Rozalias Vater hatte den Ehrgeiz, seinen Söhnen die bestmögliche Bildung zu geben, und es ehrt ihn, daß er auch seiner jüngsten Tochter einen Platz in einem Gymnasium verschaffte – im besten, das überhaupt in Frage kam, denn das Erste Warschauer Mädchengymnasium blieb den Töchtern der russischen Beamten und Offiziere vorbehalten. Auch in Rozalias Schule waren diese Mädchen in der Überzahl, aber darüber hinaus wurden Polinnen aus bürgerlichen Familien und in Ausnahmefällen auch Jüdinnen aufgenommen. Rozalia mußte sich einer Aufnahmeprüfung unterziehen, die sie allerdings mühelos bestand.

Sie wurde eine sehr gute Schülerin, obwohl sie für das Lernen nicht so gute materielle Voraussetzungen hatte wie andere Mädchen ihrer Klasse. Sie besaß keine eigenen Lehrbücher, keinen Atlas, keine Nachschlagwerke und war daher auf ihre Mitschriften aus dem Unterricht angewiesen oder darauf, daß besser ausgestattete Mitschülerinnen sie in den Pausen gelegentlich in ihre Bücher schauen ließen. Das in der Schule vermittelte Lernpensum umfaßte vier Sprachen, drei mathematische und mehrere naturwissenschaftliche Disziplinen, Geschichte, Zeichnen, Handarbeiten und natürlich Religion (dieses Fach stand auf den Zeugnissen an erster Stelle). Stets gute oder sogar ausgezeichnete Noten zu bekommen erforderte viel Fleiß, doch das allein genügte dem wissensdurstigen Mädchen nicht. Der unzureichende Stand des gesamten Bildungswesens erregte besonders unter den Schülern und Schülerinnen der oberen Klassen Unzufriedenheit.

Russisch war Amtssprache, und auch in den Schulen durfte nur Russisch gesprochen werden – sogar in den Pausen, sogar im Polnisch-Unterricht. Zofia Dzierzynska, die Ehefrau eines späteren engen Kampfgefährten von Rosa Luxemburg, die ebenfalls das Zweite Mädchengymnasium besuchte, beschrieb in ihren Lebenserinnerungen, wie streng über die Einhaltung dieses Gebotes gewacht wurde: «Einige Tage vor den Abschlußprüfungen, ich war bereits Kandidatin für die Goldmedaille, stieg ich nach dem Unterricht die Treppe hinab. Jemand rief mich von unten an und fragte auf polnisch, ob ich wüßte, wo eine meiner Mitschülerinnen sei.

Ich blickte mich um, konnte aber die Gesuchte nicht entdecken und erwiderte gleichfalls auf polnisch: ‹Nein.› In dem Moment packte mich die Vorsteherin, die gerade die Treppe heraufkam und die ich nicht rechtzeitig bemerkt hatte, am Arm. Sie schnauzte mich an, zerrte mich in den 2. Stock und befahl meiner Klassenlehrerin, mich für drei Stunden in den Karzer zu sperren. Für ein einziges polnisch gesprochenes Wort! Diese drei Stunden Karzer hießen eine Vier in Betragen, und sie setzte automatisch die Jahreszensur auf eine Zwei herab. Folglich kam die Goldmedaille nicht mehr in Frage.»

Polnische Geschichte war ebensowenig Unterrichtsfach wie polnische Literatur, und der Polnisch-Unterricht befaßte sich beinahe ausschließlich mit Grammatik. Die gesamte polnische Kultur, die jahrhundertelang Geist und Antlitz der Stadt Warschau geprägt hatte, fand in der höheren Schulbildung überhaupt keinen Platz.

Rozalia schloß sich einem illegalen Schülerzirkel an. Solche Zirkel gab es an fast allen polnischen Gymnasien und Hochschulen. Sie befaßten sich mit allem, was dem unterdrückten Nationalbewußtsein Nahrung geben konnte. Dazu gehörte die Beschäftigung mit den Aufständen ebenso wie die Lektüre polnischer Schriftsteller. An erster Stelle stand dabei der romantische Dichter Adam Mickiewicz, dessen Werke ganze Generationen junger Polen begeistert auswendig lernten. Einige Schülerzirkel gingen in ihrer Suche nach Wissen und Erkenntnis einen entscheidenden Schritt weiter. Sie beschäftigten sich mit den Ursachen der nationalen Unterdrückung, sie studierten politische Literatur und fanden in einzelnen Fällen Kontakt zur illegalen Arbeiterbewegung. Die Übergänge waren durchaus fließend. Das Wort Sozialismus entdeckten sie nicht bei Karl Marx, sondern in einem Aufsatz des Dichters Mickiewicz. «Das Wort Sozialismus ist ein vollkommen neuer Ausdruck», schrieb Mickiewicz. «Obwohl die alte Gesellschaft und alle ihre Vertreter die Bedeutung dieses Wortes nicht verstanden, so lasen sie doch in ihm ihr Todesurteil.»

Wenn schon die geheime Selbstbildung das Risiko des Schulverweises in sich barg, so mußte jedem, der sich einem der politischen Zirkel anschloß, die Gefahr für Freiheit und Leben bewußt sein, die mit dieser «Freizeitbeschäftigung» einherging. «Zu den Zusammenkünften des Zirkels erschien von Zeit zu Zeit jemand von den noch in Freiheit verbliebenen Mitgliedern der Partei ‹Proletariat›, hielt ein Referat oder erzählte einfach über die Geschichte der revolutionären Bewegung im Westen oder in Rußland oder aber begann einen Kursus über Sozialismus abzuhalten», erinnerte sich Adolf Warski, der wenige Jahre später zu Rozalias engsten Freunden gehören sollte. «Doch endete diese Tätigkeit stets nach ein oder zwei Lektionen. Der Vortragende verschwand sehr bald hinter den Toren des X. Pavillons der Warschauer Zitadelle oder floh ins Ausland.»

Für die politische Bildung besaßen die illegalen Wißbegierigen einige Broschüren in polnischer, russischer oder deutscher Sprache, die von den verhafteten Gruppen übriggeblieben waren und wie Reliquien von Hand zu Hand gereicht wurden. Visionen einer gerechten und menschenwürdigen Gesellschaft hatten zu allen Zeiten junge denkende Menschen erregt und beschäftigt, und sie übten, nunmehr in Gestalt des von Karl Marx und seinen Vordenkern ersonnenen Sozialismus, auch auf die rebellischen polnischen Schüler einen starken Sog aus. In den Jahren 1887/88 gelangten die ersten Schriften von Marx in diese Zirkel, vor allem das *Kommunistische Manifest* in der russischen Übersetzung von Plechanow. Auch eine polnische Ausgabe existierte in den achtziger Jahren bereits. Dieses Material war auf Schmuggelpfaden und unter Lebensgefahr nach Polen gebracht worden. Sozialistische Zeitschriften wurden im Ausland gedruckt und von Kurieren über die Grenzen geschleust. 1888 und 1889 fanden in Polen erneut Massenverhaftungen statt. Das war der Zeitpunkt, zu dem Rozalia jene Widmung auf ihr Porträt schrieb.

Rozalia war in mehrfacher Hinsicht benachteiligt; sie wuchs in einem besetzten Land auf, sie war Jüdin, sie war kein Mann, und sie hatte einen Körperfehler. Vielleicht träumte sie davon, all diese Handicaps aufzuheben oder auszugleichen durch Stellung und Beruf – doch diese Möglichkeit war ihr verwehrt. Zwar hatte sie das Abitur als Beste ihres Jahrgangs bestanden, sie verfügte über eine umfassende Bildung und den Mut zum unkonventionellen Denken. Aber in Polen und Rußland waren die Universitäten für Mädchen nicht zugänglich. Rozalia wollte nicht so leben wie ihre Mutter und erst recht nicht wie die fast dreißigjährige Hannah, die in der Familie die Rolle eines Dienstmädchens innehatte. Das unwürdige und erfolglose Feilschen um einen Bräutigam für die hinkende Schwester hatte sie aus nächster Nähe miterlebt. Hätte die *Fliegende Universität* ihr einen Weg in die Zukunft bieten können? Diese illegale Einrichtung war ein Bildungsprogramm für Mädchen und Frauen auf Hochschulniveau, das von fortschrittlichen Dozenten abends und an Sonntagen angeboten wurde – streng geheim, denn schließlich wurde mit diesen Vorlesungen geltendes Recht gebrochen.

Die jungen Damen trafen sich reihum in ihren Wohnungen, meist nahmen nicht mehr als zehn Hörerinnen teil, die den Dozenten gemeinsam bezahlten. Einen akademischen Abschluß konnte man natürlich in diesen Kursen nicht erwerben, und oft brachen die Programme unvermittelt ab, weil das Geld nicht mehr aufgebracht werden konnte. Daß es diese *Fliegende Universität* gab, war unter den Warschauer Abiturientinnen allgemein bekannt, und es galt als schick, zumindest eine Zeitlang daran teilzunehmen. Rozalia sah in dieser unsicheren Bildungsmöglichkeit für sich keine Alternative. Sie hätte weder das Geld aufbringen noch ein Zimmer zur Verfügung stellen können. Mit ihrem Abitur hätte sie als

Rozalia Luksenburg, Abiturientin in Warschau 1887: «Mein Ideal ist eine solche Gesellschaftsordnung, in der es mir vergönnt sein wird, alle zu lieben. Im Streben danach und im Namen dieses Ideals werde ich vielleicht einmal imstande sein zu hassen.»

Leo in Wilna, vor 1890: «Leo Jogiches war einer der tatkräftigsten Revolutionäre in Wilna – er war jedoch nicht beliebt in Wilnaer revolutionären Kreisen wegen seines überspannt verschwörerischen Verhaltens und seiner dünkelhaften Haltung.»

Hauslehrerin in reichen Familien arbeiten dürfen. War es das, was sie wollte?

Der Traum vom anderen Leben, das hatte Rozalia aus ihrer geheimen Lektüre gelernt, ließ sich wohl nur verwirklichen im Rahmen einer anderen Gesellschaft, in der es keine Rolle spielte, ob man Pole oder Jude war – oder eine Frau; einer Gesellschaft, in der es keinen Zaren und keinen Unterdrückungsapparat gab; und in der auch diejenigen besser leben würden, die nicht das Glück gehabt hatten, in einer gebildeten Familie aufzuwachsen, die jeden Tag zwölf Stunden in den Fabriken und Werkstätten arbeiteten, die in der Zlotastraße in den schlechten Quartieren hausten, in den Hinterhöfen, den Kellerwohnungen, den Verschlägen unter den Treppen. In einer geheimen Zusammenkunft hatte Rozalia ein neues Lied gehört; es stammte von einem Kommunarden – von einem, der leibhaftig an der ersten Arbeiterrevolution in Paris 1871 teilgenommen hatte: *Es rettet uns kein höh'res Wesen, / kein Gott, kein Kaiser noch Tribun. / Uns aus dem Elend zu erlösen, / können wir nur selber tun.*

Rozalia war ein ernsthafter Mensch und bezog diesen Appell durchaus auf sich selbst. Sie setzte den in den Schülerzirkeln eingeschlagenen Weg fort und arbeitete nach dem Abitur für die geheimen Zellen der *Proletariat*-Partei; in welchem Umfang und in welcher Weise, darüber geben die Quellen keine verläßlichen Auskünfte. Oft leisteten Gymnasiastinnen zum Beispiel Kurierdienste, oder sie hielten politische Bildungsabende in Arbeiterzirkeln ab. «Auf diese Weise lernte ich Warschau von einer Seite kennen, die mir bisher völlig unbekannt war», schrieb zum Beispiel Zofia Dzierzynska über ihre damalige illegale Tätigkeit. «Ich kam in die Warschauer Vorstädte mit den schlecht gepflasterten Straßen und den schäbigen kanalisationslosen Mietskasernen. Die Straßen versanken im Schmutz und waren abends in undurchdringliche Finsternis gehüllt. Oft wohnten unsere Genossen im Keller oder in Dachkammern. Das schlimmste, was ich je sah, war die Mietskaserne in der Smocza-Straße. Eine schmale Holztreppe mit morschen Stufen führte in die einzelnen Etagen. Über lange, enge, stockdunkle Korridore gelangte man in feuchte, muffige Kammern. Hier wohnte die bitterste Armut. Selbst die primitivsten Dinge des Alltags fehlten.» Sicher war es für die jungen Mädchen bei allem Enthusiasmus nicht einfach, sich überhaupt abends in solche Stadtviertel zu wagen, abgesehen davon, daß für diese Art Arbeit harte Strafen drohten. Man mußte immer einen plausiblen Grund angeben können, wenn man von der Gendarmerie in einer Gegend angetroffen wurde, in die man schon dem äußeren Anschein nach offensichtlich nicht gehörte. Die Gefängnisse in Warschau wie im gesamten Zarenreich waren voll von jungen Leuten, die das Elend, in dem sie selbst nicht aufgewachsen waren, dessen Existenz sie aber nicht als gottgegeben hinnahmen, durch politische Aufklärung hatten bekämpfen wollen. Dieser Einsatz führte über kurz oder lang zur Verhaftung und damit zwangsläufig zu großem persönlichem Leid, zur Trennung von der Familie und der Heimat, zu lebenslanger Krankheit, oft auch zum Tod. Hätte es denn dem Kampf um eine bessere Welt genützt, wenn Rozalia die Zahl dieser namenlosen Helden, die nach Sibirien verfrachtet wurden, um ihre eigene kleine Person vermehrt hätte? Wenn sie das gleiche Schicksal wie Maria Bohuszewicz auf sich gezogen hätte?

Könnte es nicht sinnvoller sein, so mag sie überlegt haben, alle Fähigkeiten und Talente optimal auszubilden, um sie in den Dienst des Fortschritts zu stellen? Sah Rozalia vielleicht im Lebensweg einer ihrer Lehrerinnen, Zofia Daszynska, eine Anregung, ein Vorbild? Allerdings ist nicht bekannt, ob diese Lehrerin überhaupt in Rozalias Klasse unterrichtet hat. Überliefert ist nur, daß Zofia Daszynska am Zweiten Warschauer Mädchengymnasium Französisch lehrte, bevor sie Ende der achtziger Jahre nach Zürich ging, um dort an der Universität bei Professor Julius Wolf Volkswirtschaft zu studieren, und nach ihrer Promotion in Berlin als Publizistin für die *Sozialistischen Monatshefte* arbeitete. Die Alma mater von Zürich war eine der wenigen Universitäten Europas, an denen damals Frauen studieren durften.

Rozalia Luksenburg beantragte und erhielt einen Reisepaß. Die in manchen Biographien erhobene Behauptung, Rozalia sei innerhalb der illegalen Bewegung derart exponiert gewesen, daß der *Proletariat*-Führer Marcin Kasprzak selbst sie ins Ausland bringen ließ, läßt sich nicht belegen. Es heißt zwar, sie hätte enge Kontakte zu dem Dachdecker Kasprzak gehabt, einem der wenigen Arbeiter im Führungskreis der Partei. Aber in der von der Warschauer Geheimpolizei geführten Schwarzen Liste, die immerhin vierhundert politische Oppositionelle verzeichnet, war ihr Name nicht enthalten. Und die gelegentlich geäußerte Annahme, Rozalia wäre von der Partei und ihrem vermeintlichen Mentor Kasprzak zum Studium ins Ausland geschickt worden, weil die veränderten gesellschaftlichen Verhältnisse einen neuen, akademisch gebildeten Typus des Berufsrevolutionärs erforderten, gehört genauso ins Reich der Legende wie die vielzitierte Anekdote von der Flucht über die Grenze unter einem Fuder Stroh und mit Hilfe eines katholischen Priesters. Rozalia reiste als Neunzehnjährige in die Schweiz, um ihr Leben in die eigenen Hände zu nehmen und auf irgendeine, ihr selbst noch unklare Weise ihrem Ideal von einer besseren Gesellschaft zu dienen. Das Reisegeld gaben ihr die Eltern. Alles andere würde sich finden.

Jupiter in Wilna

Litauen, du meine Heimat, du bist wie die Gesundheit. / Nur wer diese verloren, weiß das Verlorne zu schätzen. Mit dieser pathetischen Anrufung läßt der Dichter Adam Mickiewicz das polnische National-Epos *Pan Tadeusz* beginnen. Er beschwört in den Eingangsversen die Landschaft um die alte litauische Metropole Wilna herauf, nach der er sich später in langen Emigrationsjahren sehnte: *Hin zu den Hügeln, von Wäldern bedeckt, zu den grünen Wiesen, / Die am Flusse sich ziehn, an den blauen Fluten des Njemen, / Hin zu den Feldern, die vielfältig glänzen im Schmucke der Ähren, / Golden strahlen vom Weizen, im silbernen Schimmer des Roggens.*

In Wilna, mitten auf dem Baltikum am Zusammenfluß von Wilenka und Wilija gelegen, verflechten sich Geschichte und Kultur einer Vielzahl von Völkern. Ein Gemisch aus Russen, Belorussen, Juden, Polen, Litauern lebte in der Region zusammen. Wegen seiner multikulturellen Vielfalt und wegen seiner Rolle als Zentrum jüdischer Gelehrsamkeit wurde Wilna als das «Jerusalem des Ostens» bezeichnet, ein Ausdruck, den Napoleon geprägt haben soll, als er während seines glücklosen Feldzuges nach Rußland 1812 in Wilna Station machte.

Die Wilnaer Universität galt als die beste des gesamten Russischen Reiches. In ihren Hörsälen, Laboratorien und Seminarräumen lehrten berühmte Wissenschaftler aus ganz Europa, und daher wurden die Vorlesungen nicht nur in Russisch gehalten, sondern auch in Latein, Hebräisch, Deutsch, Französisch.

Die Stadt war als Binnenhafen auf dem Weg zur Ostsee ein wichtiger Umschlagplatz und wurde im neunzehnten Jahrhundert auch als Eisenbahnknotenpunkt bedeutsam. Gewerbe und Industrie siedelten sich an, Eisengießereien, Tabak- und Lederwarenfabriken, Papiermühlen und vor allem viele Druckereien besetzten die Flußufer am Rande der alten Stadt.

Als Leo Jogiches am 17. Juli 1867 hier geboren wurde, hatte Wilna knapp hunderttausend Einwohner, und die Hälfte davon waren Juden. Zu dieser Zeit gehörte das gesamte Baltikum zum Zarenreich, und Wilna war eine russische Gouvernementshauptstadt. Die russische Bürokratie, die zaristische Armee beherrschten die Stadt. Nach dem Aufstand von 1863 bestimmten die zaristischen Behörden Wilna zum Exekutionsort. Auf dem Lukiszkiplatz wurden Aufständische aus der gesamten Region öffentlich hingerichtet. Zwei Jahre später wurde die Herstellung von Druckschriften mit lateinischen Lettern verboten – nur Bücher in kyrillischer Schrift waren erlaubt. In dieser Zeit entstand eine besondere Kategorie von Schmugglern in Litauen – die *Bücherträger*. Sie schleppten die jenseits der Grenze, auf preußischem Territorium, illegal in polnischer und litauischer Sprache gedruckten Bücher auf ihrem Rücken ins Land – vier Millionen Exemplare in zwanzig Jahren!

Auf den ersten Blick scheint Leos familiärer und sozialer Hintergrund dem von Rozalia recht ähnlich zu sein. Auch er stammte aus Russisch-Polen, auch er wurde in einer jüdischen Familie als jüngstes von mehreren Kindern geboren, und genauso wie Rozalia kam er bereits als Gymnasiast mit revolutionärem Gedankengut in Berührung. Aber es gab einige wichtige Unterschiede, die bedeutsam für ihre Beziehung werden sollten.

Wilna war bereits um das Jahr 1800 zum Zentrum der jüdischen Haskala geworden. Innerhalb dieser aufklärerischen Bewegung gab es eine starke Strömung, die sich zwar der zwangsweisen Russifizierung des gesamten öffentlichen Lebens nicht unterwerfen wollte, die aber die russische Sprache und Kultur hochachtete. Vor allem die russische Literatur des neunzehnten Jahrhunderts übte einen starken Einfluß aus. Die Anhänger der Wilnaer Haskala wußten die Vorteile einer weltlichen, nicht mehr ausschließlich von den Rabbinern bestimmten Bildung zu schätzen. Eine solche Bildung aber gab es nur in den staatlichen Schulen, und dort war Russisch die Unterrichtssprache. Im Laufe mehrerer Generationen bildete sich so innerhalb der Bevölkerung eine besondere Schicht heraus, die Litwaks – litauische Juden, die mit der russischen Sprache und Kultur aufgewachsen waren und sich der russischen Intelligenzija geistesverwandt fühlten; zu dieser Schicht gehörte auch Leo Jogiches.

Leos Familie lebte in gesichertem Wohlstand. Seinem Großvater gehörten ausgedehnte Ländereien und eine große Mühle, die reichlichen Gewinn abwarf. Der Großvater war nicht nur ein umsichtiger Geschäftsmann, sondern auch ein Förderer der jüdischen Gemeinde. Er interessierte sich für den technischen Fortschritt, für Bildung und Kultur, und er ließ seiner Gemeinde eine Synagoge bauen. Sein Sohn Samuel Jogiches heiratete eine hochgebildete, für ihre Schönheit berühmte Frau, deren besondere Liebe der Musik gehörte. Gemeinsam hatten sie drei Söhne und eine Tochter. Leo war, wie Rozalia, das jüngste Kind – und das schwierigste.

Der Vater starb, als Leo noch ein kleiner Junge war. Seine Mutter heiratete nicht wieder. Sie erzog die Kinder allein, sie stand dem großen, gut ausgestatteten Hauswesen vor und kümmerte sich auch um die Geschäfte, bis die beiden ältesten Söhne die Firma übernehmen konnten. Wie in wohlhabenden Familien üblich, wurde Leo in eine gute staatliche Schule geschickt. Aber zum Kummer seiner Mutter hielt der intellektuell begabte Schüler die Ausbildung auf dem Gymnasium für Zeitverschwendung. Die Traditionen, in denen die Familie Jogiches lebte – der jüdischen Gelehrsamkeit ebenso wie modernem europäischen Bildungsgut verpflichtet –, bedeuteten ihm nichts. Er hatte keine Lust, Geschäftsmann zu werden wie seine Brüder. Auch die hochberühmte Universität Wilna, auf der schon die Dichter Adam Mickiewicz und Juliusz Slowacki studiert hatten, reizte ihn nicht. Eine Karriere als Arzt oder Anwalt schien ihm wenig sinnvoll; er wollte nicht die Krankheiten der Menschen und der Gesellschaft lindern – er wollte die Ursachen allen Übels ergründen und, wenn es sein mußte, das gesamte soziale Gefüge verändern.

Anfang der achtziger Jahre hörte Leo erstmals von einer Vereinigung, die sich *Narodnaja Wolja* (Volkswille) nannte und von Angehörigen der russischen Intelligenzija gegründet worden war. Diese Organisation hatte den Sturz des Regimes und die Befreiung des russischen Volkes vom Zarenjoch auf ihre Fahnen geschrieben und versetzte die Öffentlichkeit mit Flugschriften und spektakulären Terrorakten in Unruhe. Auch in den unter russischer Herrschaft stehenden polnischen und litauischen Gebieten fand die *Narodnaja Wolja* Anhänger, vor allem unter der studentischen Jugend. Im März 1881 töteten radikale Angehörige der Gruppe den Zaren Alexander II. mit einer Bombe. Die Beteiligten wurden ergriffen, im Schnellverfahren verurteilt und sofort hingerichtet. Junge Leute im ganzen Land nahmen Anteil am Schicksal der Märtyrer. Leo war damals vierzehn. Der vaterlose Junge mit dem rebellischen Temperament suchte nach Orientierung, nach geistigem Halt, nach Identifikation. Romantisches Entzücken erfaßte den Halbwüchsigen: Das war doch etwas ganz anderes als die heimliche Beschäftigung mit verbotener Literatur! Es gab Menschen, die etwas anderes als Wohlstand und Bildung zu ihrem Lebensinhalt gemacht hatten! Leo stürzte sich sofort mit allen seinen Kräften und Talenten in diese neu entdeckte Aufgabe. Dabei wollte er sich keinesfalls beschränken auf gelegentliche Hilfeleistungen wie Flugblattverteilen und Kurierdienste. Er wollte etwas Wirkliches, Echtes tun, er wollte dieser Bewegung sein Leben weihen, er wollte Dynamit an die Grundfesten des Zarismus legen! Aber das Attentat als Mittel der politischen Gewalt war in der *Narodnaja Wolja* durchaus nicht unumstritten. Ein weniger radikaler Flügel der Bewegung lehnte terroristische Methoden ab; seine Anhänger hatten die Industriearbeiter als revolutionäres Potential entdeckt und widmeten sich der politischen Aufklärung des Proletariats. Diese Gruppe bekannte sich zu den Theorien von Karl Marx, und ihr Fernziel war ein politischer Umsturz.

Im Jahre 1883 verließ der sechzehnjährige Leo in Wilna das Gymnasium vorzeitig und ohne Abschluß. Wie viele junge Leute aus bürgerlichen Familien, die sich zur revolutionären Bewegung hingezogen fühlten, ging er in eine Fabrik, um das Leben der Ausgebeuteten am eigenen Leib kennenzulernen. Er arbeitete in einer Eisengießerei, danach erlernte er die Grundzüge des Schriftsetzerhandwerks, um Flugblätter herstellen, und das Gravieren, um Papiere fälschen zu können. Leo suchte Kontakt zu den jungen Verschwörern der *Narodnaja Wolja* und erwarb sich in diesem Kreis bald ein erstaunliches Ansehen. Er pflegte aber auch Beziehungen zu den Anhängern der marxistischen Richtung und zu den im Entstehen begriffenen Gruppen jüdischer Arbeiter. Die jüdischen Arbeiter wurden am meisten ausgebeutet. Sie waren aus dem ländlichen Umland in die Stadt gekommen, um der Armut und den Pogromen zu entgehen – die Stadt bot mehr Schutz, mehr Arbeitsmöglichkeiten. Aber sie waren meist Ungelernte und deshalb schlecht bezahlt, durch ihre mangelhafte Ausbildung und die antijüdische Gesetzgebung der Willkür besonders ausgeliefert. Leo kümmerte sich um ihre politische «Grundausbildung».

Alle diese Gruppen waren selbstverständlich in strengster Illegalität tätig – und hier entwickelte Leo Jogiches seine eigentlichen Talente. Seine Sprache und Kultur war zwar russisch, aber jetzt vervollkommnete er seine bisher eher mageren Jiddisch-Kenntnisse, um sich mit den Arbeitern verständigen zu können und etwas für ihre politische Bildung zu tun.

Er agitierte unter Soldaten und jungen Offizieren für die Revolution – immer in Gefahr, denunziert und verhaftet zu werden. Seine Stärke war die Konspiration. Er organisierte Streiks, er nutzte Schmuggelpfade zum Transport illegaler Schriften und um Personen außer Landes zu bringen. Bald hatte *Lewka* nicht nur unter den Arbeitern, die ihn als ihren Lehrer verehrten, einen legendären Ruf, sondern auch unter seinen illegalen Genossen, die ihn brauchten und anerkannten, aber nicht besonders mochten. Er trat selbstbewußt und autoritär auf, kannte seine Vorzüge und pochte auf Gehorsam, auf Disziplin; er debattierte nicht, er handelte. Manche seiner Mitstreiter meinten kopfschüttelnd, er nähme die ganze Angelegenheit zu ernst – aber für ihn war die politische Arbeit keine Sache, die man zur Beruhigung seines sozialen Gewissens neben anderen Alltagspflichten eben auch noch betreibt, so wie man sonntags zur Kirche geht. Leo hatte den Sinn seines Lebens gefunden.

1886, er war neunzehn Jahre alt, organisierte Leo den ersten Zirkel für jüdische Arbeiter. Ein Jahr später bereits war er im ganzen Wilnaer Gebiet für die Agitation unter den Arbeitern und unter Armeeangehörigen verantwortlich. Er verwaltete den kleinen Vorrat an revolutionären Schriften, aus denen die gesamte Bildungsarbeit bestritten wurde – ein unersetzlicher Schatz für die illegalen Gruppen, unter schwierigsten Bedingungen ins Land geschmuggelt, insgeheim von Hand zu Hand weitergegeben. Als Hüter des Buch-Schatzes arbeitete Leo mit den Schmugglern zusammen, und alle eingeführten Schriften, Bücher, Flugblätter usw. gingen durch seine Hände, bevor sie weiterverteilt wurden.

Leo knüpfte Kontakte zu anderen revolutionären Gruppen in Polen und Rußland; im Kreis seiner Gefährten gab es prominente Namen, zum Beispiel Charles Rappaport, später der Theoretiker der französischen Sozialdemokraten, oder John Mill, der Gründer des Allgemeinen Jüdischen Arbeiterbundes, auch Marcin Kasprzak und der spätere Lenin-Vertraute Martov oder Jozef Pilsudski, der 1918 der erste Staatschef der Polnischen Republik wurde. Rappaport schrieb über Leo: «Leo Jogiches war einer der tatkräftigsten Revolutionäre in Wilna – beliebt war er jedoch nicht in Wilnaer revolutionären Kreisen wegen seines überspannt verschwörerischen Verhaltens und seiner dünkelhaften Haltung. Begabt mit starkem Willen, klug, aber eigensinnig und verbissen, widmete er sich mit aller Leidenschaft der revolutionären Aufgabe, und er war tatsächlich ein hervorragender Verschwörer. Er stellte Kontakte zu Schmugglern her und kannte alle geheimen Schmuggelpfade über die Grenze. Er war verschlossen, obwohl er in Wirklichkeit gar nicht so schwierig und unzugänglich war, wie es scheinen wollte; er konnte auch sehr witzig sein, wenn er nur wollte. Aber sein Witz war stets sarkastisch und beißend.»

Auch die russische Revolutionärin Ljuba Ortodoks erinnerte Leo als einen auffälligen Einzelgänger. «Er liebte die Musik. Er war ein Romantiker. Er nahm aktiv an der Arbeit der Wilnaer Organisation teil und stand doch immer abseits. Er verband sich mit keinem seiner Mitgenossen und behandelte sie etwas von oben herab, was ihm das Pseudonym Jupiter eintrug. Er sei ein bedeutender Verschwörer gewesen, schrieb Ljuba Ortodoks, «und wie jeder Romantiker liebte er das Geheimnisvolle und die Konspiration um der Konspiration willen».

Was meinten Leos Mitstreiter, wenn sie ihn einen Romantiker nannten? Romantiker sind Menschen von phantasie- und gefühlsbetonter Geisteshaltung, oft mit leicht abenteuerlichen oder weltfremden Neigungen. Leo aber war eher ein rationaler Typ, er setzte Leib und Leben nicht blindlings aufs Spiel. Allerdings blühte er auf, wenn Gefahr drohte oder eine besonders schwierige Aufgabe zu lösen war, für die er besser geeignet war als andere – wenn sein ganzer Einsatz gefordert war. Deshalb wirkte er immer furchtlos. Er zeigte keine Angst, weil er wußte, daß er der Sache gewachsen war und weil er zu der Überzeugung gelangt war, daß es sich lohnte, seine ganze Existenz für eine bessere Gesellschaft in die Waagschale zu werfen. Leo hatte seine Begabung entdeckt: Er war der geborene Verschwörer.

Im Jahre 1887 bereiteten junge Verschwörer ein Attentat auf den Zaren Alexander III. vor. Der Anschlag, an dem auch Lenins Bruder Alexander Uljanow beteiligt war, schlug fehl; die Beteiligten wurden hingerichtet, alle ihre Gefährten und selbst entfernte Bekannte als mögliche Mitwisser verfolgt. Leo verschaffte zwei dieser Gefährdeten Unterschlupf, stattete sie mit sicheren Papieren aus und brachte sie über die Grenze. Rappaport erinnerte sich daran: «Ich habe die Nacht vor ihrer Flucht mit ihnen und Jogiches verbracht. Die Polizei durchkämmte die Stadt, während Jogiches uns mit seinen Geschichten unterhielt und uns die gute Laune bewahrte.»

Ein Jahr später, im September 1888, wurde Leo selbst verhaftet, nachdem er einen Streik in einer Druckerei angezettelt hatte. Er sollte vor Gericht gestellt werden, hatte jedoch seine Spuren so geschickt verwischt, daß man ihm nichts nachweisen konnte und ihn freilassen mußte. Aber bereits im darauffolgenden Jahr wurde er erneut festgenommen. Er saß vier Monate in Haft. Als sich im September 1889 das Gefängnistor für ihn öffnete, wurde er sofort in die Armee eingezogen. Bei einer Strafkompanie im fernen Turkestan sollte er seinen Dienst ableisten – fernab jeder Möglichkeit zur revolutionären Betätigung. Das kam für Leo nicht in Frage! Er flüchtete kurz vor dem Abtransport und lebte monatelang in wechselnden Verstecken, bis ihm im Sommer 1890 mit Hilfe seiner Schmuggler-Freunde die Flucht außer Landes glückte. Wie viele seiner Genossen wählte er die Schweiz als Emigrationsziel.

Seitdem wurde Leo als Deserteur im ganzen Russischen Reich polizeilich gesucht. Sein Steckbrief zeichnet allerdings kein besonders eindrucksvolles Bild. Er beschreibt Leo als einen schmächtigen Burschen mit blassem Gesicht, hellem, rötlichem Kraushaar und einem schütteren Bärtchen. Fotografien aus Leos Wilnaer Zeit zeigen dagegen einen gutaussehenden, kühn blickenden jungen Mann mit üppigen Locken und einem sinnlichen Mund. Seine kraftvolle Ausstrahlung vermittelt sich dem Betrachter sogar in der konventionellen Atelieraufnahme.

In der Schweiz nahm Leo den Namen Grosovski an. Bald nach seiner Ankunft in Zürich begegnete er der polnischen Studentin Rosa Luxemburg.

Ein Päckchen Tee

Zürich, die heimliche Hauptstadt der Schweiz, liegt auf halbem Weg zwischen Rhein und Alpen am Nordende des Zürichsees mitten in einem Tal zwischen bewaldeten Höhenzügen. Ihr liebliches Ambiente, ihr sanftes Klima ließen jedes Emigrantenherz erst einmal ruhiger schlagen. Hier drohte weder Kerker noch Galgen, nicht einmal Polizeipatrouillen waren auf den Straßen zu sehen. Statt dessen konnte der Blick des Neuankömmlings ruhig und frei über den See schweifen bis hin zu den beeindruckenden Gletschern der Glarner Alpen.

Auch wenn sich Rozalia Luksenburg nicht sofort nach ihrer Ankunft im Februar 1889 immatrikulierte, war die Zürcher Universität doch von Anfang an ihr Ziel, und sie informierte sich gründlich über die Stätte ihrer künftigen Studien. Zur Universität gehörten zahlreiche Institute, Laboratorien und Sammlungen, mehrere Kliniken, die Kantonalbibliothek, der Botanische Garten und eine Sternwarte. Das neue Universitätsgebäude war erst vor fünfundzwanzig Jahren erbaut worden – von Gottfried Semper, dem sächsischen Rebellen, der nach dem Aufstand von 1848 aus Dresden hatte fliehen müssen.

Schon einige Jahrzehnte vor Rozalias Ankunft war die Schweiz ein begehrtes Ziel für Emigranten aus vieler Herren Länder geworden. Die kleine Republik im Herzen Europas mit ihren durch die Verfassung garantierten Bürgerrechten hatte vielen prominenten und noch mehr namenlosen Flüchtlingen Asyl gewährt. Zürich sei «ein glänzendes Chaos» gewesen, schrieb später der Schweizer Arzt und Sozialist Brupbacher. «Auf einem Hintergrund von Bürgern und verbürgerlichten Arbeitern tummelten sich tausend Geister aus aller Herren Länder. Marx-, Bakunin-, Stirnerbazillen schwirrten nur so in der Luft herum. Was alles gärte in Europa, sandte auch einen Vertreter zu dem roten Völkerbund nach Zürich.»

Ende des 19. Jahrhunderts zählte die Stadt Zürich 115 000 Einwohner, darunter 30 000 Ausländer. Besonders viele Deutsche lebten in Zürich, vor allem Sozialdemokraten. Denn im Jahre 1878 war in Deutschland das *Gesetz gegen die gemeingefährlichen Bestrebungen der Sozialdemokratie* in Kraft getreten; dieses Ausnahmegesetz verbot bis zu Bismarcks Sturz 1890 sozialdemokratische Vereinigungen, Versammlungen und Druckschriften. In diesen zwölf Jahren waren die Mitglieder und Sympathisanten der Gewerkschaften und Arbeiterparteien ständig von schikanösen Bespitzelungen, von Ausweisungen aus ihren Wohnorten und von drakonischen Haftstrafen bedroht. August Bebel und Wilhelm Liebknecht suchten deshalb in der Schweiz Zuflucht, und der *Rote Feldpostmeister* August Motteler besorgte von hier aus – zeitweise mit Unterstützung der jungen Clara Zetkin – den illegalen Vertrieb der Zeitschrift *Der Sozialdemokrat* nach Deutschland; die Redaktion befand sich seit 1879 in Zürich. Am Zürcher Neumarkt hatten die deutschen Sozialdemokraten ein Vereinshaus gegründet, in dem es eine gut ausgestattete Bibliothek gab. Hier fanden auch regelmäßig Bildungsabende, Vorträge und Kulturveranstaltungen statt. Dieses Vereinshaus *Eintracht* war ein beliebter Emigrantentreffpunkt.

In Zürich hatte sich auch eine starke russisch-polnische Kolonie entwickelt. Schon in den vierziger Jahren des 19. Jahrhunderts fand Michail Bakunin, der Stammvater des Anarchismus, zum ersten Mal in der Schweiz Unterschlupf. Auch der vielgeschmähte Sergej Netschajew lebte in den sechziger Jahren hier. Netschajew galt als der Theoretiker des Terrorismus, er hatte in seinem «Revolutionskatechismus» gefordert, im Namen der Revolution alle moralischen Schranken zu durchbrechen. 1888 war Netschajew nach zehnjähriger Gefangenschaft in der Petersburger Festung gestorben. Als Rozalia im Februar 1889 in der Schweiz anlangte, war Netschajew schon zur Legende geworden; seine Geschichte diente als Vorlage für Dostojewskis Roman «Die Dämonen». Die prominentesten Zürcher Russen hießen jetzt Vera Sassulitsch und Georgij Plechanow. Sie waren die Gründer der ersten revolutionären Gruppe Rußlands, deren Programm sich auf den Marxismus stützte, und viele namhafte Besucher aus ganz Europa gingen bei ihnen aus und ein. Allerdings war die russische Kolonie nicht nur ein Anziehungspunkt für geflüchtete Revolutionäre, sondern auch für junge Leute, die der geistigen Enge und Intoleranz ihres Heimatlandes entkommen wollten. Unter ihnen befanden sich zahlreiche junge Frauen, die in Rußland und Polen nicht studieren durften.

Vor allem Studenten jüdischer Herkunft kamen in die Schweiz, denn ihnen war der Zugang zu den heimatlichen Universitäten nach dem Erlaß von 1887 noch stärker erschwert worden. Viele angehende Akademiker wollten auch einfach deshalb nicht in Moskau, Warschau oder Kiew studieren, weil sie die drückende Atmosphäre des russischen Polizeiregimes nicht mehr ertrugen. An der Universität und am Polytechnikum in Zürich konnten Frauen und Männer gleichberechtigt und unabhängig von ihrer Herkunft und ihrer religiösen oder politischen Bindung studieren. Bereits 1867 hatte die erste Russin hier promoviert, und im Jahr von Rozalia Luksenburgs Ankunft in der Schweiz erhielt die erste Frau die venia legendi – die Erlaubnis, Vorlesungen zu halten.

In Zürich existierte ein aktiver polnischer Studentenverein, und im Schloß Rapperswil, vor den Toren der Stadt am Zürichsee gelegen, befand sich das Polen-Museum mit einer umfangreichen Bibliothek. Dort war in den neunziger Jahren der polnische Schriftsteller Stefan Zeromski angestellt. Zeromski, der 1888 als vierundzwanzigjähriger Student in der Warschauer Festung inhaftiert gewesen und danach in die

Die Universität Zürich um 1890: «Man muß der Universität Zürich die
Gerechtigkeit widerfahren lassen, daß die Fakultät uns beiden, ungeachtet
unserer Auftritte, keinerlei Schwierigkeiten bei der Erlangung des Doktorgrades machte.»

Schweiz geflohen war, beschrieb später in seinen Memoiren, wie Rosa Luxemburg in den dunklen, mit Büchern und Katalogen vollgestopften Arbeitsräumen im zweiten Stock seine Dienste als Bibliothekar in Anspruch nahm.

Ziemlich streng getrennt von der eigentlichen Stadt bildeten die Bewohner der um die Universität gelegenen Ortschaften Oberstrass, Unterstrass und Hottingen, die 1893 eingemeindet wurden, eine sozial sehr gemischte Gruppe aus Eingesessenen und Studenten. Viele Familien lebten ausschließlich vom Vermieten. Das Milieu wird in den Erinnerungen einer damaligen Zürcher Studentin so beschrieben: «Die alte Stadt liegt am See, und die Universität mit Studenten- und Professorenviertel oben am Berge. Und beide haben sehr wenig Gemeinsames. Unten am See wohnt der Zürcher Groß- und Kleinhandel, hält sich der Schweizer Patrizier reich und ablehnend in schönen alten Häusern; oben am Berg wohnt ein buntes internationales Völkchen in Mietshäusern, und selbst der Verkehr der Universitätsprofessoren – sofern sie nicht eingesessene Schweizer sind – geht selten in das untere Zürich hinab. In Zürich-Oberstrass wohnt ja in fast jedem Haus ein studierendes Männlein oder Fräulein, wo nicht gar eine ganze Colonie, und viele der Zimmervermieter hier wie anderswo lassen – solange die Einwohner nur zahlen und nicht alles auf den Kopf stellen – fünf und sieben und sogar neun gerade sein ...»

Allerdings hatte die Stadt Zürich, um den unkontrollierten Emigrantenzustrom etwas im Zaum zu halten, eine Ausländerbehörde eingerichtet – hier mußte sich jeder Ankömmling registrieren lassen. Rozalia Luksenburg meldete sich im Februar 1889 in der Gemeinde Oberstrass an. Sie nutzte die Gelegenheit, um die Schreibweise ihres Namens zu verändern, zu europäisieren; von nun an nannte sie sich Rosa Luxemburg. Auch ihr Geburtsdatum korrigierte sie ein wenig – sie machte sich ein Jahr jünger.

Zürich, Universitätstraße 77: Hier wohnte Rosa – und später auch Leo. «In Zürich-Oberstrass wohnt ja in fast jedem Haus ein studierendes Männlein oder Fräulein, und viele der Zimmervermieter lassen – solange die Einwohner nur zahlen und nicht alles auf den Kopf stellen – fünf und sieben und sogar neun gerade sein ...»

39

Ihr erstes Zimmer mietete Rosa bei Familie Lübeck in der Nelkenstraße. Olympia Lübeck war eine gebürtige Polin, ihr Ehemann Carl ein deutscher Sozialdemokrat, der vor der drohenden Festungshaft aus seiner Heimat in die Schweiz geflüchtet war. Carl hatte als Redakteur und freier Schriftsteller gearbeitet, jetzt aber konnte er seine große Familie, zu der acht Kinder gehörten, nur noch von schmalen Einkünften aus journalistischen Gelegenheitsarbeiten ernähren. Denn sein Gesundheitszustand hatte sich von Jahr zu Jahr verschlechtert, und als Rosa bei Lübecks einzog, saß der fünfundvierzigjährige Carl bereits im Rollstuhl und war fast blind. Die junge Untermieterin war gleichermaßen beeindruckt von Olympias Schicksal und Lebensmut wie von der Persönlichkeit Carls, mit dem sie sich oft und ausgiebig unterhielt. Sie half Olympia im Haushalt und bei der Versorgung der jüngeren Kinder, und sie schrieb nach Carls Diktat Artikel für die sozialdemokratische Presse – er brachte ihr die Grundlagen des Journalismus bei. Als Gegenleistung für diese Hilfen gewährte ihr die Familie in den ersten Monaten Kost und Logis. Denn die finanzielle Unterstützung, die Rosa von ihrer Familie erwarten konnte, war sehr gering und zudem unregelmäßig.

Alle mittellosen Ausländer, auch die Studenten, schlugen sich mit schlecht bezahlten Jobs durch – manche arbeiteten als Dienstmädchen, als Handlanger in Werkstätten, als Laufburschen oder als Schreiber. Viel stärker als die einheimischen Studenten schlossen sich die jungen Emigranten aus dem Zarenreich zusammen, um einander zu helfen. Sie teilten Brot und Tee, tauschten Bücher und Neuigkeiten aus der Heimat. Rosa Luxemburgs Freundin und spätere Biographin Henriette Roland-Holst van der Schalk schrieb: «Armut war in diesem Milieu gang und gäbe, aber diese Armut hatte nichts Düsteres; im Gegenteil, sie trug ein freundliches, beinahe franziskanisches Gepräge. Wer etwas hatte oder bekam, teilte mit seinen Kameraden. Man bildete sogenannte Artels und bestritt alle Ausgaben aus einer gemeinsamen Kasse. In diesem Milieu wurde es Rosa Luxemburg zur Selbstverständlichkeit, mit Kameraden zu teilen, die weniger besaßen als sie. Und ebenso lernte sie von denen zu nehmen, die mehr besaßen. Dieser Handlungsweise blieb sie ihr ganzes ferneres Leben treu.» Die Schriftstellerin Ricarda Huch, die damals ebenfalls in Zürich studierte, erinnerte sich, daß die meisten russischen und polnischen Studenten «sehr arm waren und ohne viel Wesen daraus zu machen, sich jede Bequemlichkeit versagten, um studieren zu können, ferner daß diejenigen, die mehr Mittel besaßen oder reich waren, den Bedürftigen mitteilten, als verstehe sich das von selbst. Ich bewunderte das, ohne mich zu einem näheren Verkehr gedrängt zu fühlen. Mir fehlte damals jedes Verständnis für die Russen und ihre Nöte.»

Auf den Tag genau acht Monate nach ihrer Ankunft schrieb sich Rosa Luxemburg als Studentin in das Matrikelbuch der Universität Zürich ein. Sie belegte verschiedene naturwissenschaftliche Vorlesungen und Kurse, vor allem in Zoologie. Mit Feuereifer stürzte sie sich in das Studium. Bereits vor ihrer Immatrikulation hatte sie die Bibliotheken und die Leseräume im Polen-Museum und im Vereinshaus *Eintracht* mit ihren reichen Beständen an Zeitungen und Zeitschriften regelmäßig aufgesucht. Sie nutzte jede Gelegenheit, um ihre Kenntnisse und Fertigkeiten in der deutschen Sprache zu vervollkommnen.

Rosas erster Studienplan läßt keinen Schluß darauf zu, daß ihr eine Karriere als Berufsrevolutionärin vor Augen gestanden haben könnte. Das allerdings änderte sich bald: vis-à-vis von dem Haus, in dem Rosa bei den Lübecks wohnte, zog im Sommer 1890 ein neuer Untermieter in die Nelkenstraße – ein schweigsamer, gutaussehender junger Mann aus Wilna; er nannte sich Leon Grosovski.

Wie mag ihre erste Begegnung verlaufen sein? Dazu gibt es keine einzige verläßliche Quelle. Ein Biograph behauptet, Leo und Rosa wären an der Universität, in Professor Wolfs Ökonomievorlesungen, aufeinander aufmerksam geworden. Aber diese Vorlesungen besuchten sie erst im Sommersemester 1892 gemeinsam – und zu dieser Zeit waren sie längst ein Paar.

Gelegenheiten, einander zu begegnen, gab es allerdings genug. Beide wohnten nicht nur in unmittelbarer Nachbarschaft, sondern sie verkehrten in der gleichen Szene, dem locker gefügten Zirkel aus mehr oder weniger revolutionär eingestellten russischen und polnischen Emigrantengruppen. Man traf sich bei dem altgedienten Revolutionär Pawel Axelrod, der in Zürich eine kleine Imbißstube betrieb, in der es echten russischen Kefir gab. Man traf sich in der polnischen Lesehalle im Schloß Rapperswil, im deutschen Vereinshaus *Eintracht* bei den Bildungsabenden. Und man traf sich bei dem einen oder anderen Studenten in einer kalten Dachkammer zu heißem Tee und heißen Diskussionen. Die Gespräche mögen dabei stets von neuen Themen und originellen Gedanken beseelt gewesen sein; für den Tee allerdings wurde derselbe Ansatz immer wieder mit kochendem Wasser aufgegossen, Abend für Abend, bis er kaum noch Aroma hatte. Irgendwann brachte dann ein Besucher ein neues Tütchen Tee mit, und das Zeremoniell mit dem Samowar begann von vorn.

Kurz nachdem Rosa und Leo einander zum ersten Mal begegnet waren, erwähnte der Neuankömmling in ihrem Beisein, daß Tee für ihn zu den Unentbehrlichkeiten des Lebens gehöre. «Rosa hatte gerade aus Polen von ihren Angehörigen Tee bekommen», erinnerte er sich ein Vierteljahrhundert später; sie «reichte mir sofort ein Päckchen davon und sagte, bitte, hier ist Tee für Sie. – Ich habe ihn natürlich nicht genommen!» Vielleicht wollte Rosa ihm mit dieser Gabe das Eingewöhnen in der Fremde erleichtern, vielleicht wollte sie ihm ihre Bewunderung signalisieren, vielleicht nahm sie an, er könne sich selbst keinen echten Tee leisten? Sie konnte damals noch nicht wissen, daß dieser geheimnisvolle junge Mann nicht nur über ein ansehnliches Äußeres und eine beeindruckende revolutionäre Vorgeschichte verfügte, sondern außerdem über die unvorstellbare Summe von fünfzehntausend Rubeln! Um das Ausmaß dieses Vermögens zu ermessen, muß man sich vorstellen, daß ein qualifizierter Arbeiter damals in Deutschland monatlich ungefähr achtzig Mark verdiente; das entsprach etwa vierzig Rubeln.

Es ist leicht nachzuvollziehen, was Rosa an Leo beeindruckte. Kommilitonen machten sie auf den jugendlichen Verschwörer aufmerksam, den schon eine legendenhafte Aura umgab, obwohl er gerade erst dreiundzwanzig Jahre alt war, und der, wie seine Freunde ironisch anmerkten, so konspirativ war, daß er selbst seinen Namen und seine Adresse nicht kannte. Geschichten wurden erzählt über seine Heldentaten in Wilna, über seine Verurteilung, seine abenteuerliche Flucht. Angeblich war er unter einer Fuhre Lehm versteckt über die Grenze gekommen, durch einen hohlen Pflanzenstengel atmend. Er selbst zeigte sich eher schweigsam; wenn er allerdings das Wort ergriff, sprach er selbstbewußt und autoritär in der Art eines Menschen, der gewohnt ist, daß man ihm zuhört.

Aber was zog Leo zu Rosa hin? Er hatte seine schöne Freundin Anna Gordon aus Wilna bei sich. Rosa war keineswegs eine attraktive Erscheinung, Liebe auf den ersten Blick war es wohl nicht. «Sie war klein mit einem unverhältnismäßig großen Kopf, mit einer fleischigen Nase in einem typisch jüdischen Gesicht. Sie ging mit einem betonten Hinken, schwerfällig, stockend», – so beschrieb sie John Mill. «Auf den ersten Blick machte sie keinen erfreulichen Eindruck, aber es dauerte nicht lange, und man sah eine Frau, die vor Leben und Geist barst und die mit einem bemerkenswerten Intellekt ausgestattet war.»

In Zürich lebte Leo von seinem großväterlichen Erbe. Davon finanzierte er auch sein Studium. Aber der Hauptteil dieses Vermögens war für die revolutionäre Arbeit bestimmt. Leo hatte nicht vor, in der Schweiz lediglich zu studieren und daneben ein bißchen in der sozialistischen Bewegung zu arbeiten. Er hatte kein Interesse an dem, was man gemeinhin Studentenleben nannte, und daß er der zaristischen Geheimpolizei mit knapper Not entkommen war, bedeutete für ihn keineswegs, daß er sich jetzt einem geruhsameren Dasein hingeben durfte.

Mitten aus seinem erfüllten politischen Leben in Wilna herausgerissen, suchte Leo nun in Zürich nach Möglichkeiten, an diese unterbrochene Tätigkeit anzuknüpfen. Er wollte möglichst bald ein Verlagsunternehmen gründen und sozialistische Literatur drucken, die in der Heimat dringend gebraucht wurde. Noch funktionierten seine Verbindungswege nach Rußland; wenn er sie nicht bald wieder nutzte, könnte er womöglich eines Tages wegen zu langer Abwesenheit von diesen Kanälen abgeschnitten sein.

Und er wollte Verbindung aufnehmen zu Georgij Plechanow, dem Theoretiker und Vordenker der revolutionären Bewegung, dessen Schriften auch die jungen Rebellen in Wilna wie Lehrbücher studiert hatten, der Marx übersetzt hatte und mit Engels befreundet war, der den Marxismus in die Köpfe der jungen Intellektuellen gepflanzt und ihnen damit neue Wege im revolutionären Denken eröffnet hatte. Dieser legendäre Mann lebte in erreichbarer Nähe bei Genf, er hatte gelegentlich in Zürich Vorträge gehalten, und die jungen Emigranten pilgerten in Scharen zu seinem Wohnort, um zu seinen Füßen zu sitzen und seinen Worten zu lauschen.

Vielleicht, so dachte Leo, ließe sich seine Verlagstätigkeit mit der Herausgabe einer neuen Schrift von Plechanow einleiten. Leo erhoffte sich von der Begegnung mit dem «Vater des russischen Marxismus» neue Impulse für seine künftige politische Tätigkeit. Und er wollte den verehrten Mann, der in beschränkten Verhältnissen lebte, finanziell unterstützen. Denn so sehr sich Leo auch mit seiner Untergrundkarriere in Wilna identifizierte, so war ihm doch klar, daß mit der Emigration für ihn ein neuer Lebensabschnitt begonnen hatte. Ähnlich wie vor ihm Plechanow erkannte er, daß das Zeitalter des bloßen Terrorismus, die Ära der Einzelgänger und der ruhmreichen Attentäter zu Ende ging; daß es jetzt darauf ankam, auch in Rußland eine funktionierende Massenpartei aufzubauen – vielleicht so eine wie die deutsche Sozialdemokratie, deren Struktur und Geschichte er im Vereinshaus *Eintracht* studiert hatte.

Noch ehe Leo Gelegenheit fand, persönlichen Kontakt zu Plechanow aufzunehmen, begegnete er Rosa Luxemburg. Verwundert bemerkte er, wie sich diese kleine, unscheinbar wirkende Person verwandelte, sobald sie in einer Gesprächsrunde das Wort ergriff. Rosa war die geborene Rednerin. Ihr stand der ganze Reichtum ihrer polnischen Muttersprache mühelos zur Verfügung – darüber hinaus sprach sie sehr gut Russisch, Deutsch und Französisch, sie lernte gerade Italienisch und Englisch. Und scheinbar ebenso mühelos flogen ihr Gedanken und Argumente zu. Sie sprach aus dem Stegreif, geistreich, bildhaft, feurig, ironisch. Leo war fasziniert. Diese in revolutionären Kreisen unbekannte junge Warschauerin besaß das, was ihm selbst fehlte: Eloquenz, Kontaktfreudigkeit und das Talent, ihre Zuhörer nicht nur durch ihren Verstand, sondern durch ihren Charme und ihr Temperament zu fesseln. Er entdeckte, daß er zusammen mit dieser Rosa Luxemburg ein unschlagbares Team bilden könnte. Er forderte sie im Gespräch heraus, und sie bot ihm Paroli.

Einfach ist diese Beziehung von Anfang an nicht gewesen. Beide waren starke Persönlichkeiten, obgleich vom Wesen her sehr verschieden. Wenn Rosa sich aufgeschlossen und unternehmungslustig zeigte, blieb Leo streng, verschlossen und schweigsam – die in Wilna antrainierten Verhaltensweisen legte er zeitlebens nicht ab, auch wenn sie nicht immer die gleiche existentielle Bedeutung für ihn behielten. Obwohl Leo mit Pseudonymen schon reichlich ausgestattet war, gab ihm Rosa noch einen neuen Namen, einen, den nur sie allein benutzte: zärtlich-lautmalerisch nannte sie ihn *Dziodzio*. Allerdings nur unter vier Augen oder in Briefen. In Gegenwart Dritter sprachen sie sich mit *Sie* an – niemand sollte erfahren, daß sie ein Paar waren, nicht einmal enge Freunde. Das war Leos Bedingung, und Rosa akzeptierte sie – nur gelegentlich machte sie sich darüber lustig, denn selbstverständlich gab es Leute, die nicht mit Blindheit geschlagen waren und durchaus merkten, daß Leo nicht nur Rosas Mentor und Rosa nicht nur Leos Sprachrohr war.

Jeder von beiden stellte an den Partner wie an sich selbst hohe Anforderungen, die sowohl die Arbeit als auch das Zusammenleben betrafen. Die Arbeit – damit war nicht nur das Studium gemeint. Dieser Ausdruck wurde auch für das verwendet, was in anderer Umschreibung *die Sache* genannt wurde – die Tätigkeit für die revolutionäre Bewegung. «Leo läßt keine Gründe zu, die jemanden hindern könnten, seine Pflicht zu tun», erzählte Rosa viele Jahre später. «Ich sollte einmal als Studentin einen Vortrag halten, fühlte mich aber körperlich so elend, daß ich fürchten mußte, nicht reden zu können.» Wahrscheinlich handelte es sich dabei um eine der politischen Bildungsveranstaltungen für Studentinnen, die Rosa regelmäßig übernahm. «Ich schlug ihm vor, jemand anders mit dem Referat zu betrauen. ‹Übernehmen Sie nur den Vortrag›, sagte er darauf, ‹Sie werden sich bis zum Schluß halten können.› Und wirklich, ich brach erst zusammen, nachdem ich meinen Vortrag beendet hatte.»

Für Rosa war Leo der erste Mann, der erste Geliebte ihres Lebens. Sie sah in ihm auch ihren Lehrer, ihr Vorbild. Und sie war glücklich, daß alle diese Rollen in einer einzigen Person vereint waren. Und Leo? Was sah er in Rosa außer einer willkommenen Ergänzung seiner eigenen Fähigkeiten? Im Sommer 1891 ließ er seine Freundin Anna allein in Zürich und reiste mit Rosa für längere Zeit nach Genf. Dort wurde sie seine Geliebte. Für sie war das ein folgenschwerer Schritt. Sie ließ damit die bürgerlichen Konventionen, ihre Erziehung, ihre Familienmoral hinter sich. Sie traf eine Entscheidung für ihr Leben. Für Leo sah das anders aus. Für ihn war die Tatsache, daß er mit Rosa schlief, keine lebensbestimmende Angelegenheit, sondern eine normale Konsequenz ihres Zusammenseins im Alltag und in der Arbeit. Rosa entschied sich mit dem Gefühl für Leo. Er erwählte sie mit dem Verstand. Als sich auch noch herausstellte, daß Rosa ein starkes, originelles Schreibtalent besaß – was Leo völlig fehlte –, war ihm klar, daß er sie mit allen Mitteln an sich binden mußte. Dazu gehörte auch die Sexualität. Heißt das, daß er sie benutzte, um seine politischen Ziele besser erreichen zu können? Daß sie ihn liebte, er sie aber nicht?

Leo liebte Rosa auch – wenngleich das, was er für Liebe hielt, etwas anderes war als das, was Rosa darunter verstand. Völlige Hingabe an eine andere Person war Leo fremd. Die Beziehung zu Rosa mag für ihn ein Zweckbündnis gewesen sein, aber was er an Gefühl zu geben hatte, das bekam sie von ihm – wenn auch nicht gleich und nicht kampflos.

Gemeinsam machten sich Rosa und Leo im Sommer 1891 auf den Weg zu Plechanow. Für Rosa war das eine Pilgerfahrt, für Leo eine Geschäftsreise.

Mißglückte Pilgerfahrt

Georgij Plechanow lebte damals mit Vera Sassulitsch in dem kleinen Ort Mornex – in der Nähe von Genf, aber schon auf der anderen Seite der Grenze, in Frankreich gelegen. Beide waren aus der Schweiz ausgewiesen worden. Nur Plechanows Frau durfte mit den Kindern in Genf bleiben und ihr Medizinstudium fortsetzen.

Ausländern war die politische Tätigkeit in der Schweiz nicht gestattet. Daran hatte sich Plechanow nie gehalten; schließlich war er einer der bedeutendsten Denker seiner Zeit. Er hatte seine politischen Schriften stets unter seinem richtigen Namen veröffentlicht. Die Schweizer Behörden hatten das eine Zeitlang geduldet. Als aber 1889 zwei junge Anhänger der *Narodnaja Wolja* in den Bergen bei Genf mit Sprengstoff experimentierten und dabei eine gewaltige Explosion auslösten, wurde mehreren russischen Emigranten der weitere Aufenthalt in der Schweiz untersagt. Dieser Entscheid traf auch die beiden prominenten Revolutionäre. Zwar hatten Plechanow und Sassulitsch dem Terrorismus längst abgeschworen, aber diese Feinheiten interessierten die Behörden weniger. Schließlich war die Sassulitsch eine berühmte Attentäterin – sie hatte auf den Petersburger Stadtkommandanten geschossen!

Georgij Plechanow, 1856 als Sohn eines Adligen geboren, hatte am Bergbauinstitut Petersburg studiert. Er war bereits als Gymnasiast politisch aktiv geworden und mußte als Einundzwanzigjähriger das erste Mal emigrieren. Im September 1883 gründete er mit einer Handvoll Gesinnungsgenossen in Genf die Gruppe *Befreiung der Arbeit (Osvoboshdenije Truda)*. Das war die erste Organisation in der russischen revolutionären Bewegung, die den Terrorismus ablehnte und sich

Georgij Plechanow denunzierte Leo bei Friedrich Engels; er behauptete, «daß dieser Mensch nur ein Revolutionskarrierist ist, das ist ein Streber, wie die Deutschen sagen».

zum Marxismus bekannte. Diese Gruppe lenkte das Augenmerk der russischen Untergrundkämpfer und der fortschrittlichen Intelligenz auf die Arbeiter – die *Narodnaja Wolja* hatte immer nur undifferenziert vom «Volk» gesprochen, und das Volk bestand in Rußland vor allem aus Bauern. Plechanow verfaßte das Programm der Gruppe und gleich darauf das Buch *Unsere Meinungsverschiedenheiten*. Darin wandte er die Theorien von Karl Marx auf die Verhältnisse in Rußland an und kam zu der Schlußfolgerung, für den erfolgreichen Kampf gegen die Zarenherrschaft sei es erforderlich, eine Arbeiterpartei zu gründen; das sei überhaupt das einzige Mittel zur Lösung aller ökonomischen und politischen Widersprüche des modernen Rußland. Alle anderen Wege sah er als Sackgassen an, die nur in Niederlage und Ohnmacht führten. Mit dieser illegal in Rußland verbreiteten Schrift wurde Plechanow zum Lehrer einer neuen Generation von Rebellen und Agitatoren – auch der junge Leo Jogiches hatte in Wilna zu seinen heimlichen Anhängern gehört.

Plechanow hatte sich im Selbststudium ein phänomenales Wissen angeeignet und galt als einer der gebildetsten Europäer seiner Zeit. «Seine äußere Erscheinung verriet den Gelehrten», schreibt der Historiker Giterman. «Er war ein kultivierter Seigneur von aristokratischen Umgangsformen. Seine Reden waren glanzvoll und gewährten intellektuellen Zuhörern einen hohen Genuß. Die Gabe freilich, mit Arbeitern in unmittelbaren Kontakt zu kommen, ging ihm ab. Er hatte die geistige Struktur eines Forschers und Denkers und war durchaus kein Agitator.»

Auch die anderen Mitglieder der Gruppe – Vera Sassulitsch, Pawel Axelrod, Leo Deutsch – waren bemerkenswerte Charaktere mit teilweise abenteuerlichen Lebensläufen. Vera Sassulitsch galt immer noch als die romantische Heldin der *Narodnaja Wolja*, obgleich sie sich von den Idealen dieser Bewegung längst entfernt hatte. Als Sechzehnjährige hatte sie den Terroristen Netschajew kennengelernt. Wegen dieser Bekanntschaft war sie verhaftet und ohne Gerichtsverfahren zwei Jahre lang eingekerkert worden. Im Jahre 1878 erregte ein skandalöser Vorfall die Gemüter der Petersburger Bevölkerung: Der berüchtigte Stadtkommandant General Trepow hatte einen Untersuchungsgefangenen, der versäumt hatte, vor ihm die Mütze zu ziehen, für dieses Vergehen auspeitschen lassen. Die gesamte Untergrundszene diskutierte darüber, daß Trepow damit sein Sündenkonto überzogen habe und endlich bestraft werden müßte. Während die Debatte über die Art und Weise der Racheaktion noch andauerte, besorgte sich Vera Sassulitsch einen Revolver, ließ sich einen Termin für die Sprechstunde des Generals geben, ging hin und schoß auf ihn. Der General war zwar nur leicht verletzt, aber trotzdem fand ein gewaltiger Schauprozeß gegen die Attentäterin statt – unter stärkster emotionaler Anteilnahme der gesamten Öffentlichkeit und sogar der Geschworenen, die die Angeklagte schließlich freisprachen. Vera Sassulitsch floh in die Schweiz. Dieser Freispruch wurde zum Anlaß dafür, daß künftig politische Häftlinge nicht mehr vor Geschworenengerichte gestellt wurden, sondern administrativ (also ohne Verhandlung) oder durch Militärgerichte verurteilt wurden.

Pawel Axelrod hatte als Student in Kiew einen revolutionären Zirkel geleitet. Er wurde verraten und mußte ins Ausland fliehen. Mehrmals ging er illegal zurück nach Rußland, aber im Jahr des Zarenmordes ließ er sich schließlich mit seiner Familie für immer in der Schweiz nieder. In Zürich lernte er die führenden Männer der deutschen Sozialdemokratie kennen, die damals noch dort im Exil lebten; mit Karl Kautsky verband ihn eine lebenslange Freundschaft. Axelrod war wegen seiner selbstlosen Hilfsbereitschaft unter den Zürcher Russen und Polen sehr beliebt. Seine kleine Imbißstube war ein beliebter Treffpunkt der Emigranten aus seiner Heimat, hier wurden bei Kefir und Hering die Alltagssorgen und die Weltlage besprochen.

Leo Deutsch dagegen wurde wegen seiner optimistischen Lebenseinstellung und seiner Abenteuerlust bewundert. Er war mehrmals aus zaristischen Gefängnissen ausgebrochen und galt als jemand, für den es keine ausweglose Situation gab.

Die bedeutende Rolle, die diese Gruppe für die weitere Entwicklung der russischen Bewegung spielte, änderte nichts daran, daß sie unter ständiger Geldnot litt. Der einzige Wohlhabende unter den Gründungsmitgliedern hieß Ignatow; er stellte sein Erbe zur Verfügung, so daß eine Druckerpresse und russische Bleilettern gekauft werden konnten. Mit dieser Ausstattung gründete Plechanow seinen Verlag und begann mit der Herausgabe einer sozialdemokratischen Schriftenreihe. 1888 spendete dann ein russischer Rechtsanwalt noch einmal eine größere Summe – aber danach kam nichts mehr. Sympathisierende Studenten in Genf und Zürich sammelten Geld für die Herausgabe einer letzten Broschüre. Man fand ein Schlupfloch an der deutsch-russischen Grenze, doch dann wurde ausgerechnet der erfahrene Leo Deutsch mit Koffern voller Material erwischt und an Rußland ausgeliefert. Die unter so großen Opfern gedruckten Schriften waren damit verloren, und Leo Deutsch saß in Rußland in Haft.

Zu diesem Zeitpunkt erschien das Paar aus Zürich bei Plechanow, um ihm einen Vorschlag zu unterbreiten.

Schon kurze Zeit später beschwerte sich Plechanow bei allen, die es hören oder auch nicht hören wollten, über den *Emporkömmling* aus Wilna und seine Mademoiselle Luxemburg. Was war geschehen?

Leo hatte Plechanow von seinen Verlagsplänen erzählt und ihm die Zusammenarbeit angeboten. Er selbst würde das Geld zur Verfügung stellen und seine konspirativen Kanäle für die Verteilung der Schriften in der Heimat – Leo Deutschs Malheur hatte sich in der Szene herumgesprochen. Plechanow sollte seine Schriften beisteuern und natürlich seinen bekannten Namen.

Eigentlich hätte dieses Arrangement Plechanow zusagen müssen, hätte es doch mehrere seiner Probleme gelöst. Aber der junge Mann mißfiel ihm, er ließ es an Bescheidenheit und Respekt fehlen. Wer war denn dieser Jogiches alias Grosovski, der es wagte, mit ihm wie mit seinesgleichen zu verhandeln?! Er war vielleicht in Wilnaer Kreisen bekannt, konnte sich jedoch mit einem Plechanow in keiner Weise messen! Plechanow hatte zwar nichts dagegen, Leos Verteilernetz zu nutzen und vor allem sein Geld. Aber eine Partnerschaft mit einem so jungen, namenlosen Burschen – das kam für ihn nicht in Frage. Leo wollte ja nicht als Wohltäter, als Mäzen auftreten, der unerkannt im Hintergrund geblieben wäre, sondern in der Gruppe gleichberechtigt mitarbeiten. Das fand Plechanow anmaßend. Später behauptete er, Leo hätte die Bedingung gestellt, seine Stimme solle bei künftigen Entscheidungen genausoviel zählen wie alle anderen Stimmen zusammen. Das stimmte sicher nicht, dazu verehrte Leo die anderen Gruppenmitglieder viel zu sehr – sie waren ja alle gleichsam lebende Ikonen! Leo hatte lediglich verlangt, wie jeder andere in der Gruppe als stimmberechtigtes Mitglied zu gelten.

Viele Zeitgenossen haben Plechanow als ihren Lehrer verehrt – aber ein guter Pädagoge war er wohl nicht. Er erkannte nicht seinen möglichen Meisterschüler in diesem jungen Mann mit dem brillanten Verstand, der offensichtlich auf der Suche nach einer angemessenen Aufgabe war. Daß Leo eine Bereicherung für die Gruppe gewesen wäre, sah Plechanow nicht. Er wollte sich nicht auf ein Verhältnis einlassen, das vom herkömmlichen Lehrer-Schüler-Muster abwich, und schickte Leo weg.

Doch er hatte nicht damit gerechnet, daß Leo selbstbewußt genug sein würde, auch ohne seinen Segen einen eigenen Verlag zu gründen. Das neue Unternehmen hieß *Sozialdemokratische Bibliothek* – die Namensähnlichkeit zu Plechanows *Bibliothek des modernen Sozialismus* kam einer

Kampfansage gleich! Die Größe, Leos Verlag einfach zu tolerieren, da er doch der gemeinsamen Sache diente, brachte Plechanow nicht auf. Er war beleidigt, weil Leo sich nicht unterworfen hatte. Dabei bezweifelte doch niemand, der sich in der russischen Bewegung auskannte, Plechanows Bedeutung, auch Leo nicht.

In den nächsten Jahren gelang es Plechanow, Leo in der russischen Emigrantenszene zu isolieren. Er beschwerte sich ausgiebig bei Engels in London, daß Leo seine Autorität untergrabe, und belegte jeden mit einem Bannfluch, der sich mit Jogiches einließ. Es kränkte seine Eitelkeit, daß das Verteilersystem dieses «Miniatur-Netschajew» besser funktionierte als sein eigenes und daß Leo eine Anzahl Schriften von Marx und von Kautsky in russischer Sprache druckte, die Plechanow gerne selbst herausgebracht hätte – dafür hatte er aber kein Geld.

Schon 1892 – unter Rosas Einfluß, aber auch infolge der Plechanowschen Ächtung – begann Leo, der nach einem neuen Betätigungsfeld suchte, sich der polnischen Bewegung zu widmen. Er lernte intensiv Polnisch, das er bis dahin nicht besonders gut beherrschte, las alle polnischen Zeitungen und lauschte aufmerksam mündlichen Berichten aus den polnischen Landen. Bald druckte er auch Broschüren in polnischer Sprache für den illegalen Vertrieb in Polen.

Leos Zusammenstoß mit Plechanow beeinflußte natürlich auch Rosas Verhältnis zu dem «Alten» in Mornex. Zwar war sie wie alle jungen Marxisten ihrer Zeit von ihm stark beeindruckt, seine Persönlichkeit und sein Werk wirkten sich auf ihr Denken aus. Sein autoritäres Verhalten und sein katheterhaftes Dozieren stießen sie jedoch ab. Plechanow ertrug keine andere Meinung neben seiner eigenen. Rosa dagegen suchte das Gespräch, die geistige Auseinandersetzung und Bereicherung. «Ich war in Mornex, aber ich gehe nicht wieder hin», schrieb sie an Freunde. «Er weiß alles besser als ich. Ich habe Plechanow gern bei den Axelrods aus der Ecke angesehen, einfach nur sehen, wie er spricht, wie er sich bewegt, sein Gesicht zu betrachten – es gefällt mir außerordentlich. Aber nach Mornex fahren und mich in die Ecke setzen und ihn bewundern, das geht nicht.»

Plechanow verübelte Rosa ihre Chuzpe. Er vergaß nie, daß sie Leos «Komplizin» war, und er war kleinlich genug, es ihr bei ihrem ersten internationalen Auftritt heimzuzahlen.

Die Weltverbesserer

Schon bald nachdem sie sich kennengelernt hatten, gehörten Rosa und Leo einem festgefügten Freundeskreis an, der aus polnischen Emigranten bestand. Diese jungen Leute unterschieden sich deutlich von jenen ausländischen Studenten, die in der Gruppe den Ersatz für die Heimat suchten, sich in endlosen Debatten über die Zustände im Herkunftsland verloren, ungewissen Zukunftsträumen anhingen und eine politisch eingefärbte Boheme bildeten. Die Gruppe um Rosa und Leo widmete sich dem Marxismus, und ihr Ziel war nicht weniger als dessen Umsetzung in praktische Politik, in revolutionäres Wirken. Dafür leisteten alle ihre Mitglieder neben dem Studium eine immense Arbeit.

1892 entschieden sich Rosa und Leo, das Studium ihren politischen Ambitionen anzupassen. Auch Leo hatte zunächst, als er sich im Winter 1890 an der Universität einschrieb, eine naturwissenschaftliche Laufbahn im Auge und belegte Kurse und Vorlesungen in Botanik und Zoologie. Das geschah sicher nicht, wie manche Biographen vermuten, unter Rosas Einfluß, sondern hing damit zusammen, daß die Lehren Darwins damals auf die junge revolutionäre Intelligenzija eine starke Faszination ausübten. Aber nach der mißglückten Pilgerfahrt zu Plechanow und den danach folgenden Schwierigkeiten und Auseinandersetzungen wurde den beiden rasch klar, daß sie einen eigenen Weg, eine selbständige Alternative der politischen Arbeit finden mußten – ohne Plechanows Schirmherrschaft. Auch die Kenntnisse und die Bildung, die sie für diese Tätigkeit brauchen würden, wollten sie sich nun ohne seine Anleitung aneignen. Beide entschlossen sich, das zu nutzen, was die Universität zu bieten hatte: eine solide, moderne Ausbildung in den ökonomischen und den juristischen Wissenschaften. Rosa arbeitete zielstrebig und effektiv auf einen Abschluß dieses Studiums mit dem Doktorgrad hin. Sie erlegte sich von Anfang an ein ungeheures Pensum auf. Leo dagegen betrieb seine Studien eher lax. Wie schon in Wilna schätzte er Bildung nur als Mittel zum Zweck, und die akademischen Regeln und Abläufe langweilten ihn. Außerdem besaß er genug Geld, um sich Zeit zu lassen.

Rosas Anwesenheit in den Seminaren prägte sich einigen Professoren unauslöschlich ein. Sie sei seine begabteste Studentin gewesen, und er sei stolz darauf, ihr die akademischen Steigbügel gehalten zu haben, behauptete der Nationalökonom Julius Wolf später. Sie sei schon aus Polen als fertige Marxistin erschienen, meinte Wolf. Allerdings lernte Rosa erst an der Zürcher Universität einen wichtigen Vorläufer ihres verehrten Marx kennen: den Glasgower Professor Adam Smith. Auf dessen Forschungen über den Kapitalismus, vor allem über die Wirkungsweise des Marktes, griff Marx bei der Arbeit an seinem Hauptwerk *Das Kapital* zurück. Der Überfluß der Reichen bedinge die Bedürftigkeit der vielen, das hatte Smith schon im Jahre 1776 erkannt.

Nicht nur wegen ihrer Begabung, sondern auch wegen ihrer scharfen Zunge und ihrer Streitlust wird der Professor sich so lebhaft an die «fertige Marxistin» erinnert haben. Rosa trainierte ihr rhetorisches Talent, indem sie gemeinsam mit einigen anderen Studenten versuchte, Wolf aufs Glatteis zu führen. Julian Marchlewski, den Rosa schon aus Warschau kannte und der mit ihr im selben Seminar saß, beschrieb diese Szene so: «Wir betrieben einfach Sport. Ich brachte den würdigen Professor auf das für ihn heikle Thema, worauf wir ihm mit allen Waffen des Marxismus bewiesen, daß er von diesen Dingen ganz und gar nichts verstehe. Man muß der Universität Zürich die Gerechtigkeit widerfahren lassen, daß die Fakultät uns beiden, ungeachtet unserer Auftritte, keinerlei Schwierigkeiten bei der Erlangung des Doktorgrades machte.» Der aus Österreich stammende Julius Wolf besaß aber genug Toleranz und Humor, um die Angriffe der Studenten zu parieren. Besonders scharf dürften allerdings die von Marchlewski beschriebenen Attacken nicht gewesen sein. Denn einige andere Studenten, darunter Leos Wilnaer Kampfgefährte Rappaport, hatten Wolf, der sich nicht mit dem Marxismus identifizierte, in einem Marx-Seminar mangelhafte Kenntnis seines Gegenstandes unterstellt; daraufhin hatten sie es dann vorgezogen, die Universität zu wechseln, weil sie um ihren erfolgreichen Abschluß bangten.

Rosas und Leos Entscheid für die politischen Wissenschaften hing natürlich auch zusammen mit ihrem Wunsch, die Arbeiterbewegung Russisch-Polens zu unterstützen: Seit 1892 war zu beobachten, daß die einzelnen mehr oder minder unabhängig voneinander operierenden Gruppen, die nach dem Schlag der Regierung gegen die *Proletariat*-Partei übriggeblieben oder neu entstanden waren, zum Zusammenschluß strebten. Bisher hatte die in Paris ansässige polnische Emigrantenszene die politische Richtung der Aktivitäten in Russisch-Polen bestimmt. Diese Gruppe verfolgte ein nationalistisches Konzept und versuchte, den Wunsch der in Polen wirkenden Zellen nach organisatorischer Einheit für ihre eigenen Zwecke zu nutzen; sie gründete deshalb im November 1892 in Paris die PPS (Polska Partia Socjalistyczna).

Anfang 1893 entstand dagegen in Polen unter den Arbeitern eine revolutionäre Vereinigung, die sich nicht dem Einfluß der PPS unterwarf, sondern sich in der Nachfolge der Proletariat-Partei sah: der Verband Polnischer Arbeiter. Mit diesem Verband schlossen sich die jungen Leute um Rosa und Leo zusammen, um von Zürich aus in Russisch-Polen eine marxistisch orientierte Partei zu schaffen. Eine wichtige Rolle in diesem Arrangement spielte Julian Marchlewski. Bevor er 1893 in die Schweiz geflohen war, hatte er, selbst in Fabriken und Werkstätten arbeitend, bei den Vorbereitungen für die Gründung des (natürlich illegal tätigen) Verbandes

Polnischer Arbeiter mitgewirkt. Deshalb war er unter den Mitgliedern in Polen gut bekannt und bestens dafür geeignet, die Verbindung zu der Züricher Studentengruppe zu schaffen.

Der erste Schritt, den Rosa, Leo und Marchlewski unternahmen, um den Verband Polnischer Arbeiter und die Zürcher Gruppe zu einer Partei zu formen, war die Gründung einer Zeitschrift. Sie nannten sie *Sprawa Robotnicza* – Sache der Arbeiter. Eine Zeitschrift, das war eine Waffe, ein Mittel zur direkten Einflußnahme, zur Bildung und Orientierung. Die Gründung der *Sprawa* war zweifellos ein wichtiges Ereignis. Im Juli 1893 erschien die erste Nummer – in Paris, weil die Schweizer Gesetze den Emigranten politische Tätigkeit nicht gestatteten. Aus dem gleichen Grunde schrieb Rosa ihre zahlreichen Artikel für die *Sprawa* stets unter Pseudonym. Alle Mitglieder der Gruppe verwendeten Pseudonyme, um ihre Existenz als Asylanten nicht zu gefährden. So wurde aus Rosa Luxemburg R. Kruczynska – ihr erster Parteiname. Die Redaktion der neuen Zeitschrift, deren Exemplare auf verschlungenen geheimen Pfaden in die polnische Heimat gelangten, übernahm zunächst der in Paris lebende Adolf Warski, bis Rosa 1894 an seine Stelle trat. Rosa verfaßte das Programm der neuen Partei, die sich SDKP nannte – Sozialdemokratie des Königreiches Polen. Es wurde in der *Sprawa* abgedruckt. Als Parteiführung fungierte die Studentengruppe in Zürich – dazu bevollmächtigt wurde sie auf einem ersten Kongreß in Polen durch Vertreter der illegalen Gruppen. Obwohl Leo nie namentlich als Führer auftrat, war er es, der von Anfang an die Zügel straff in der Hand hielt.

Der Hauptpunkt des Parteiprogramms war der Sturz der Zarenherrschaft. Für dieses Ziel sollten polnische und russische Arbeiter gemeinsam kämpfen. Rosa und Leo glaubten nicht an die Möglichkeit der Befreiung Polens ohne eine Revolution in Rußland. Daraus folgte in dem Programm eine strikte Absage an den polnischen Nationalismus. Daß die

Forderung nach einem unabhängigen Polen hier fehlte, sollte sich bald als Hemmschuh bei der Gewinnung einer Massenbasis erweisen. Das unterdrückte polnische Nationalbewußtsein war und blieb in allen revolutionären Erhebungen ein starker Faktor. Kurz vor der Gründung der neuen Partei, als 1892 eine neue polnische Ausgabe des *Kommunistischen Manifests* erschienen war, hatte Engels aus London dazu geschrieben, die Unabhängigkeit Polens sei «eine Notwendigkeit für das harmonische Zusammenwirken der europäischen Nationen. Sie kann erkämpft werden nur vom jungen polnischen Proletariat, und in dessen Händen ist sie gut aufgehoben. Denn die Arbeiter des ganzen übrigen Europa haben die Unabhängigkeit Polens ebenso nötig wie die polnischen Arbeiter selbst.» Rosa und Leo jedoch sahen in einer gemeinsamen sozialistischen Revolution diese Forderung gegenstandslos werden. Schließlich hieß es im *Kommunistischen Manifest*: «Die Arbeiter haben kein Vaterland. Man kann ihnen nicht nehmen, was sie nicht haben.»

Der Zeitpunkt für das Erscheinen der ersten *Sprawa*-Ausgabe war gut gewählt. Im August 1893 tagte in Zürich der III. Kongreß der Sozialistischen Internationale. Die gesamte Elite der europäischen Arbeiterbewegung versammelte sich aus diesem Anlaß. Auf dem Treffen erschienen nun zwei polnische Delegationen, die zwei unterschiedliche Konzepte vertraten. Die neun PPS-Delegierten versuchten natürlich, die «Gegner» als unbedeutende Splittergruppe hinzustellen und sich selbst die Alleinvertretung der Polen zu sichern. Das schien nicht besonders schwierig zu sein, denn die SDKP-Delegation bestand nur aus zwei Personen: Rosa Luxemburg und Julian Marchlewski. Julians Mandat war von Arbeiterorganisationen aus Warschau und Lodz autorisiert und konnte nicht angezweifelt werden. Um Rosas Mandat, das von der *Sprawa*-Redaktion stammte, entbrannte ein erbitterter Streit. Die PPS versuchte, das Mandat annullieren zu lassen, und schreckte dabei vor nichts zurück. Sie behauptete sogar, die SDKP sei ein Instrument der zaristischen Geheimpolizei, der Ochrana.

Rosa hielt eine leidenschaftliche und brillante Rede zur Verteidigung ihres Mandats, in der sie zugleich die Grundsätze ihrer Partei erläuterte. Der belgische Sozialistenführer Vandervelde erinnerte sich später an ihren Auftritt: «Rosa, damals dreiundzwanzig Jahre alt, war mit Ausnahme einiger sozialistischer Kreise Deutschlands und Polens vollkommen unbekannt. Ihre Gegner hatten gegen sie einen schweren Stand. Ich sehe sie noch, wie sie aus der Menge der Delegierten aufsprang und sich auf einen Stuhl schwang, um besser verstanden zu werden. Klein, schmächtig, zierlich in ihrem Sommerkleid, das geschickt ihren körperlichen Fehler verbarg, verfocht sie ihre Sache mit solchem Magnetismus im Blick und mit so flammenden Worten, daß die Masse des Kongresses, erobert und bezaubert, die Hand für ihre Zulassung erhob.»

Trotzdem mußte Rosa den Kongreß verlassen, denn in der Kommission, die über die Mandate entschied, hatte die PPS den größeren Einfluß – und Plechanow nutzte seine Autorität, um Rosas Gegner zu unterstützen und sich auf diese Weise an der respektlosen Studentin zu rächen. Marchlewskis Mandat jedoch war unanfechtbar, er blieb und verlas den von Rosa und Leo verfaßten Bericht über die Entwicklung der Sozialdemokratie in Polen. Damit war die SDKP in der Internationale als reguläre Partei anerkannt – und das war ohne Zweifel ein Sieg!

Rosas Auftritt hatte aber noch andere Folgen. Er war, wie sich später herausstellte, ein Sprungbrett für ihre Karriere in der deutschen Sozialdemokratie, denn er blieb allen Anwesenden im Gedächtnis. Andererseits benutzte Plechanow das Ereignis – und das war die unangenehme Kehrseite ihres Sieges –, um erneut Stimmung gegen Leo zu machen. Der greise Friedrich Engels war nur am letzten Tag aus London nach Zürich gekommen, um die Abschlußrede auf dem Kongreß zu halten. Und Plechanow schrieb ihm später einen ausführlichen Brief über die Querelen wegen des Mandatsstreits. In diesem Brief, der im Ton streckenweise einem Spitzelbericht nicht unähnlich ist, schmähte er Leo als Drahtzieher der polnischen «Intrige». Plechanow behauptete, Jogiches hätte Wilna nur deshalb verlassen, um den Unannehmlichkeiten des Militärdienstes zu entgehen. Und er sei zu feige, um wieder nach Rußland zurückzukehren. Plechanow verschwieg bewußt, daß Leo seine Bewährung längst hinter sich hatte. «Es gelang ihm anscheinend, einige Kilo revolutionärer Schriften nach Rußland einzuführen; er war in Verbindung mit Grenzjuden, Schmugglern. Seine jungen Freunde, zum größten Teil Gymnasiasten, proklamierten ihn zum großen Konspirateur. Er teilte gerne diese ihre Meinung über sich. Mag sein, daß er unter anderen Voraussetzungen ein gewisses Talent zur Konspiration erworben hätte. Aber sein Unglück sind seine grenzenlose Eitelkeit und seine Skrupellosigkeit.» In epischer Breite und voller Eitelkeit hielt Plechanow sich zugute, daß er seinen Einfluß für Rosas «Sturz» geltend gemacht habe. Engels reagierte auf diesen Brief: er verweigerte seine Genehmigung für die Übersetzung und den Druck einiger Texte, die Leo für die *Sozialdemokratische Bibliothek* vorgesehen hatte.

Leo war der heimliche Kopf, aber Rosa war von Anfang an die meistbeachtete Person der neuen Partei. Selbst im Kreis der jungen Intellektuellen an der Spitze der SDKP mußte es ungewöhnlich erscheinen, daß eine dreiundzwanzigjährige Frau eine derart exponierte Stellung einnahm. Es handelte sich ja nicht um einen literarischen Salon, der bedeutende Geister in der Aura einer schönen und gebildeten Frau versammelte. Zwar galten unter den vom Marxismus und damit von neuen Moral- und Wertvorstellungen geprägten jungen Menschen Frauen als gleichberechtigte Arbeitspartnerinnen. Dennoch: wie stark, wie überdurchschnittlich müssen die Fähigkeiten und die Ausstrahlung dieser jungen Frau gewesen sein, die sich behaupten konnte in einem Kreis hochgebildeter junger Männer, die alle einen ähnlichen unkonventionellen Lebenslauf, die gleichen hochgesteckten Ziele hatten und die trotz ihrer Jugend ausgeprägte Persönlichkeiten und starke Charaktere waren.

Man kann die Rolle, die Rosa hier einnahm, kaum mit einer einzelnen ihrer Eigenschaften erklären, weder mit ihrem herausragenden Intellekt, ihrer praktischen Kampferfahrung, die eher mager war, oder mit ihrer besonderen Eloquenz – oder damit, daß sie eben eine Frau war. Jogiches und Marchlewski hatten weitaus umfangreichere illegale Arbeit geleistet, sie hatten in Fabriken gearbeitet und im Gefängnis gesessen. Klug und marxistisch gebildet waren sie alle, jeder von ihnen schrieb Artikel für die Agitation in der Heimat, und Rosa war auch nicht die einzige Frau in der Gruppe. Da gab es zum Beispiel Bronislawa Gutman, Julians spätere Frau. Bronislawa schrieb: «Es war für mich eine wahre politische Schule, als Verlobte Marchlewskis und als ehemalige Mitschülerin Rosas im II. Warschauer Gymnasium drei Jahre in dieser Gruppe zu sein. Von Rosa wurde ich in einen Zirkel von Studentinnen gezogen, mit dem sie politisch arbeitete. Meine Aufgabe war es, unter den emigrierten polnischen Arbeitern, die in Schweizer Fabriken arbeiteten, zu lehren.»

Offenbar war Rosa eine Zauberin in der Kunst, Menschen für sich einzunehmen. Und diese Kunst hatte Leo von Anfang an einkalkuliert, als er ihre Aufgabenbereiche in der politischen Arbeit absteckte. Rosa trat zwar als Einzelpersönlichkeit auf, aber jedes Wort, das sie sagte oder schrieb, war damals noch mit Leo abgesprochen. Dieser starke Rückhalt bestimmte ihre Rolle in der Gruppe – wenn auch niemand wissen sollte, daß sie Leos Geliebte war. Natürlich wußten es trotzdem alle, aber sie akzeptierten Leos Schweigegebot und sprachen nicht darüber. Die Hingabe an die *Sache*, die sie mit dem Geliebten teilte, steigerte Rosas Eifer, ihre Konsequenz, ihre Konzentration. Sie lebte in der Gewißheit, das Richtige zu tun.

Überlieferte Fotos aus dieser Zeit zeigen eine ansehnliche junge Dame, klein, aber wohlproportioniert. Sie trägt die unbequeme Mode ihrer Zeit mit Chic und Selbstverständlichkeit. Der Gesichtsausdruck reicht von gelassenem Ernst bis zu einem sanften, manchmal ironischen Lächeln. Leider gibt es kein Bild, auf dem sie lacht. Im Vergleich zu ihrem Jugendbildnis fällt der weichere Gesichtsausdruck auf – die Liebe hat sie verwandelt, sie ist zur Frau geworden. Sie schaut nicht mehr so streng am Betrachter vorbei. Zu ihrem Körperfehler hatte sie ein souveränes Verhältnis. Er behinderte weder ihre Ausdauer im Laufen noch ihren Charme. Rosa konnte intensiv und konzentriert zuhören und hatte ein starkes Interesse an anderen Menschen.

Das machte sie aufgeschlossen, kontaktfreudig und besonders geeignet für die Arbeit in der Öffentlichkeit. Und «sie verstand es, sich des Lebens zu freuen wie wenige, seine Schönheiten zu genießen und ihm immer wieder neues Glück abzugewinnen. Ob sie schöpferisch arbeitete, ob sie im ernsten Studium die Ergebnisse fremder Forschung in sich aufnahm, alles bedeutete ihr Genuß und Glück ... Bei der Arbeit wie beim Genießen, im Lieben wie im Hassen war sie stets von der gleichen Glut beseelt», schrieb ihre spätere Freundin Luise Kautsky.

Rosa konnte jetzt zügig studieren, weil sie sich nicht mehr um ihren Lebensunterhalt kümmern mußte. Sie lebte von Leos Geld. Diese Quelle sprudelte so reichlich, daß das Paar sich auch regelmäßige Sommerferien leisten konnte. Rosa und Leo fuhren in kleine Kurorte und Dörfer, ins Gebirge, an einen See – in ruhige, schöne Landschaften, in der Schweiz, in Italien, in Frankreich. «O welche Überraschung man erlebt, wenn man nach der öden Strecke Bern–Lausanne und nach einem letzten furchtbar langen Tunnel plötzlich über der großen blauen Tafel des Sees schwebt! Jedesmal flattert mir das Herz auf wie ein Falter. Und das jenseitige Ufer – die weiße schroffe Bergwand, unten meist in blauem Duft verhüllt, so daß nur die oberen Schneepartien so unwirklich im Himmel schweben. Und über allem der blendende, mächtige Dent du Midi ...»

Diese Ferienaufenthalte waren die einzigen Zeiten ohne konspirative Verstellung – hier lebten sie zusammen in kleinen Gasthöfen als Paar, als Mann und Frau. Nicht nur Rosa genoß diese entspannten Pausen, auch Leo zeigte hier Seiten seines Wesens, die er in Zürich eher verbarg und die Rosa gern in Briefen beschwor. «Erinnerst Du Dich, wie dort einmal am Sonntag Musikanten in den Garten kamen und uns aufstörten, wir gingen zu Fuß nach Maroggia und gingen zu Fuß zurück, und da ging über dem San Salvatore der Mond auf, und wir unterhielten uns gerade darüber, ob ich nach Deutschland fahren soll, eng umschlungen blieben wir auf dem Weg stehen im Dunkeln und blickten auf die Mondsichel über dem Berg. Oder, erinnerst Du Dich, wie Du abends um 8.20 aus Lugano mit Einkäufen ankamst, ich rannte mit der Lampe nach unten, und gemeinsam schleppten wir die Pakete nach oben, und ich packte dann auf den Tisch: Apfelsinen, Käse, Salami, ein Törtchen auf Papier; ach, weißt Du, wir haben sicher niemals prächtiger zu Abend gegessen als damals auf dem kleinen Tisch in dem leeren Zimmer bei offenem Balkon, und der Duft strömte aus dem Garten. Du hast meisterhaft Eier in der Pfanne gebraten, und fern in der Dunkelheit flog mit Getöse der Zug nach Mailand über die Brücke.»

Allerdings waren diese Sommerfrischen keine faulen Zeiten. Im Gegenteil: In den Semesterferien wurde um so intensiver an politischen Aufsätzen und Artikeln gearbeitet – vor allem für die *Sprawa* –, es wurde viel gelesen und diskutiert.

Wenn es nötig war, wurde der Urlaub unterbrochen – zum

Beispiel, um jemanden zu treffen, der aus Frankreich oder aus Polen in die Schweiz gekommen war, oder um nach Paris zu fahren und bei der Herstellung der Zeitung nach dem Rechten zu sehen. Blieb Rosa dann gelegentlich allein in so einem Bergdörfchen zurück, und wurde dann das Wetter noch trist und trübe, schickte sie sehnsuchtsvolle Billette an den fernen Geliebten: «Heute ist es seit dem Morgen ganz grau. Der ganze Himmel ist mit Wolken unterschiedlicher Größe und unterschiedlicher Schattierung bedeckt und sieht wie ein tiefes, stürmisches Meer aus. Der See glitzert mit stahlfarbener, glatter Oberfläche. Die Berge, von Dunst verhüllt, sind traurig. Die Luft ist mild, frisch und erfüllt vom Duft der Apfelbäume und Gräser. Ringsum Stille, die Vögel zwitschern wie im Traum. Ich sitze in der Nähe des Hauses im Gras, unter einem Baum. Mir ist traurig zumute. Wie einsam ist mir alleine hier! Heute nacht weckte mich irgendeine Stimme. Ich horche – aber ich bin es selbst, die spricht, und ich wurde der traurigen Wirklichkeit gewahr, daß mein Dziodzio weit, weit ist und ich mutterseelenallein bin.»

Eine unzählige Reihe von Briefen nahm ihren Anfang – Briefe voller Poesie und Gefühl, aber auch voller Arbeitsdetails, Überlegungen und Anweisungen. Briefe mit Plänen, Forderungen und gelegentlicher Schelte. Rosa fand viele Kosenamen für den geliebten Mann, meist nannte sie ihn *Dziodzio* oder *Goldener*. Sich selbst bezeichnete sie manchmal als *Deine Frau*. Wie Leo sie angesprochen hat, wissen wir nicht: Auf Leos Verlangen hat Rosa seine Briefe vernichtet – die wenigen, die sie trotzdem aufgehoben hatte, hat er selbst nach ihrem Tode verbrannt. Er forderte sogar in dieser privaten Angelegenheit absolut konspiratives Verhalten. Und ganz privat war ihre Korrespondenz ja nie; selbst in die glühendsten Liebesbriefe flossen immer noch einige Einzelheiten der politischen Arbeit ein. Zum Glück verletzen auch die strengsten Verfechter der Konspiration manchmal ihre eigenen Gesetze: Leo selbst hat Rosas Briefe nicht vernichtet – Hunderte von eng beschriebenen Blättern sind erhalten geblieben und dokumentieren ihre Beziehung auf ganz eigene und intime Weise.

Vor allem seit 1894 waren sie oft getrennt, denn Rosa reiste mehrmals nach Paris. Dort verbrachte sie viel Zeit in der Nationalbibliothek, um ihre Doktorarbeit vorzubereiten. Aber sie nutzte diese Aufenthalte auch, um sich um die Redaktion der *Sprawa* zu kümmern – eine kräftezehrende Fron, denn nicht nur die journalistische Tätigkeit gehörte zu ihren Aufgaben, sondern auch die Auseinandersetzungen um Termine und Layout und das Feilschen mit der Druckerei um die Kosten.

Manchmal eilte ihr Leo zu Hilfe, dann verbrachten sie nicht nur arbeitsreiche, sondern auch unbeschwerte und heitere Tage miteinander. Leo erinnerte sich noch Jahrzehnte später daran: «Als wir in Paris lebten, hatten wir entfernt wohnende Freunde besucht. Auf dem Heimweg wurde Rosa müde und rief einem Fiaker zu, was die Fahrt nach Hause kostete. Die genannte Summe war hoch, man konnte sie nicht ausgeben. ‹O Monsieur›, rief Rosa, ‹nous sommes pauvres!› Darauf der Kutscher: ‹Ce n'est pas ma faute, Madame!› Diese Antwort belustigte Rosa so, daß sie sich auf die Erde setzte, sehr lachte und dann keine Müdigkeit mehr während des Marsches verspürte.»

In Paris hatten Rosa und Leo viele gemeinsame Bekannte und Genossen, die ihr die Einsamkeit erträglich machten. Zudem gab es ja in Paris auch viel zu sehen. Zur Weltausstellung 1889 war das heftig umstrittene Sinnbild moderner Architektur fertig geworden – der Eiffelturm. Paris galt seit einiger Zeit als die Hauptstadt der modernen Kunst – Rosas Briefe geben keinen Hinweis, daß sie diesen kulturellen Reichtum der Stadt wahrgenommen hätte. Er lag wohl außerhalb ihres Interesses. Die radikale Weltverbesserin blieb in ihrem Kulturverständnis ganz konservativ: sie liebte Conrad Ferdinand Meyer und William Turner und pries Mozart als *sonniges Genie*. Zola hat sie gelesen und als *Dreck* empfunden. Leo hatte sowieso wenig Kunstinteresse, sie mußte ihn immer ermahnen, etwas anderes zu lesen als das für die Arbeit Erforderliche, und als sie ihm einmal eine Turner-Reproduktion schickte, sandte er sie mit einer sarkastischen Bemerkung zurück.

Zu der gleichen Zeit, in der gleichen Bibliothek ging auch Lenin seinen Studien nach. Aber Rosa und er begegneten einander damals noch nicht. Sie lernten sich erst nach der Jahrhundertwende kennen, und dann wurden für ihre Bekanntschaft schon bald die Machtkämpfe zwischen Leo und Lenin bestimmend. Während sich aber die beiden Männer stets erbittert bekriegten, gab es bei aller Distanz zwischen Rosa und Lenin immer ein hohes Maß an gegenseitiger Achtung.

Die häufigen Trennungen taten der Beziehung zwischen Rosa und Leo nicht gut. Leo war kein sensibler Briefeschreiber. Er teilte Rosa mit, was er von ihr erwartete, und setzte voraus, daß sein Wort Gesetz wäre. Ihre Beziehung betrachtete er als gegeben. Daß eine Partnerschaft der Pflege bedürfte, kam ihm nicht in den Sinn. Rosa dagegen litt unter seiner Sachlichkeit: «Es regt mich auf, sobald ich irgendeinen Brief von Dir in die Hand nehme – überall das gleiche –, es ist die Nummer, es ist die Broschüre, da ist dieser Artikel, da ist jener. Das wäre alles gut, wenn wenigstens *neben* dem da, *außer* dem da ein wenig der *Mensch*, die Seele, das Individuum zu sehen wäre. Und bei Dir gibt es nichts, nichts außer dem da. Hast Du in dieser Zeit keine Eindrücke empfangen, hast Du nichts gelesen, nichts wahrgenommen, was Du mir mitteilen könntest?! ... Nimmt man noch dazu jene massiven und ungeschminkten Anweisungen: Mach es mit Adolf so und so, benimm Dich, wenn Du Lawrow besuchst, so oder so, halte Dich an dies und an das – nimmt man das alles zusammen, so gibt das einen einzigen unauslöschlichen Eindruck von Mißbehagen, Ermattung, Erschöpfung und Unrast. Ich schreibe Dir das alles nicht, um Dir Vorwürfe zu machen, ich kann nicht verlangen, daß Du ein anderer bist, als Du bist. Ich schreibe deshalb, weil ich noch die dumme Gewohnheit habe, alles zu sagen, was ich empfinde, teils aber will ich, daß Du au courant bist, was zwischen uns ist.»

Der Schlachtplan

Ihren 26. Geburtstag feierte Rosa auf ziemlich unübliche Weise: gemeinsam mit Leo verfaßte sie einen Brief an Karl Kautsky, den Chefredakteur der *Neuen Zeit*. Die *Neue Zeit* war die theoretische Zeitschrift der deutschen Sozialdemokratie. In diesem Brief bot Rosa der Redaktion zum ersten Mal einen Artikel an. Das Geburtstagsgeschenk funktionierte – Kautsky druckte den Artikel. Er erinnerte sich an den Wirbel, den Rosas Auftritt während des Zürcher Sozialistenkongresses verursacht hatte, und er hegte viel Sympathie für diese außergewöhnliche junge Frau. Außerdem hatte er einen guten Instinkt für interessante journalistische Themen. Daß dieser Instinkt ihn auch dieses Mal nicht täuschte, bewies die kontroverse Debatte, die Rosas erster Artikel in der *Neuen Zeit* alsbald auslöste. Aus den Reihen der PPS wurde Rosa als «hysterisches und zänkisches Frauenzimmer» bezeichnet, und antisemitische Beschimpfungen umrahmten einen wütenden Artikel in der PPS-Zeitschrift *Naprzod*, in dem es hieß: «Wir bedauern nur, daß eine ernste deutsche Zeitschrift auf den Leim des Fräulein Rosa ging, welches in der Schweiz Leute anschwindelt, als repräsentiere sie irgend Jemand oder Etwas in Polen. Der polnische Sozialismus ist nicht so tief gesunken, daß Fräulein Rosa das Recht hätte, in seinem Namen zu sprechen.»

In den zwei Jahren, die Rosa noch in der Schweiz verbrachte, wandte sie sich mit ähnlichen Angeboten noch mehrmals an Kautsky. Das gehörte zu dem Plan, den das Paar in langen, gedankenschweren Auseinandersetzungen entworfen hatte, und der Antwort geben sollte auf die Frage, wie es weitergehen könnte – Rosas Studium näherte sich seinem Ende. Im Frühjahr 1897 reichte sie dem Dekanat ihre Dissertation ein. Unter dem Titel *Die industrielle Entwicklung Polens* legte sie eine Arbeit vor, die von mehreren Professoren als «auf einem sehr hohen wissenschaftlichen Niveau» stehend eingeschätzt wurde, obwohl es den Gutachtern nicht leichtfiel, die marxistische Grundhaltung der Arbeit zu akzeptieren. Leo hatte bei den Korrekturen kräftig Hand angelegt. «Herzallerliebster», dankte ihm Rosa daraufhin, «ich muß Dir zugestehen, daß Deine letzten Berichtigungen auf den Zetteln mir sehr imponiert haben, und ich bitte Dich untertänigst um Verzeihung, daß ich dann und wann wegen der Korrekturen wütend gewesen bin. Du hast tatsächlich noch eine Masse schwerer Fehler gefunden.» Der Leipziger Verlag Duncker & Humblot brachte Rosas Doktorarbeit noch im gleichen Jahr als Buch heraus – bei nicht-naturwissenschaftlichen Dissertationen war so etwas eher selten, und Rosa war sehr stolz auf diesen Erfolg.

Nun lagen noch zwei Prüfungsklausuren und das mündliche Examen vor ihr, und dann hielt sie das ersehnte Doktordiplom mit dem Prädikat *magna cum laude* in den Händen. Ihre Familie in Warschau war außer sich vor Freude über die akademischen Ehren ihrer Jüngsten. Besonders die Mutter, die an Magenkrebs dahinsiechte, genoß diese letzte Freude ihres sorgenerfüllten Daseins an der Seite eines eher erfolglosen Ehemannes.

Als die Mutter im Frühherbst 1898 starb, machte sich die Familie große Sorgen, wie dieser Schicksalsschlag Rosa mitzuteilen wäre. Die arme Kleine lebte doch – so glaubten Vater und Geschwister – ganz allein und erschöpft von den Mühen des Doktorats im fremden Land. Die ältere Schwester Hannah (die sich jetzt Anna nannte) erwog, selbst nach Zürich zu fahren, damit Rosa von der traurigen Mitteilung nicht völlig umgeworfen würde. Daß Rosa keineswegs allein war, sondern in entspannter Zweisamkeit mit Leo Ferien machte, ahnte keins der trauernden Familienmitglieder. Schließlich beschloß der Familienrat, sich an Olympia

Karl Kautsky, der Theoretiker der deutschen Sozialdemokratie.
Kautskys Frau schickte Rosa dieses Foto 1904 nach Zwickau ins Gefängnis,
und Rosa antwortete: «Das erste wirklich gute Bild von ihm. Augen, Gesichtsausdruck – alles vortrefflich. Nur die Krawatte mit den wimmelnden
weißen Bohnen! So eine Krawatte ist ein Scheidungsgrund.»

Lübeck zu wenden. Diese bewährte und mütterliche Freundin würde Rosa das Unglück gewiß schonend beibringen.

Rosa war mit Leo in Weggis bei Luzern, im Gasthof Zur Tanne (wo übrigens zur gleichen Zeit der amerikanische Schriftsteller Mark Twain logierte). Sie bereiteten wieder einen Artikel für die *Neue Zeit* vor. Als Olympia, ohne den Grund auch nur anzudeuten, brieflich anfragte, ob sie zu einer kurzen Visite willkommen sei, lehnte Rosa ab – sie habe zuviel Arbeit und könne keine Zeit für Besuche abzweigen. Noch Jahre später machte sie sich Vorwürfe wegen dieser Reaktion. Die Konstruktion der Brücke zu Karl Kautsky in Berlin war Leo und Rosa damals zu wichtig, um sich durch private Dinge – welcher Art auch immer – ablenken zu lassen. Ein ähnliches Fiasko wie seinerzeit mit Plechanow durfte auf keinen Fall passieren!

Kautsky wurde als der geistige Erbe und Nachlaßverwalter von Marx und Engels angesehen. In der internationalen Sozialdemokratie besaß er als führender Ideologe eine imposante Machtstellung. Er stellte das theoretische Gewissen der Bewegung dar, seine Meinung galt ziemlich uneingeschränkt. Allerdings war er kein besonders origineller Denker, seine zahlreichen eigenen Schriften blieben hölzern und didaktisch. Auf seltsame Weise spiegelte sich diese Trockenheit in seinem Äußeren wider: Er wirkte wie die Verkörperung des philisterhaften Kleinbürgers, von Geburt an alt, mit steifem Kragen bis zum Kinn und starrer Mimik. Aber Kautsky wurde nicht umsonst von seinen sozialistischen Zeitgenossen verehrt. Er leistete das, womit sich Plechanow so schwer tat: jungen Sozialisten, die sich gerade die ersten Sporen verdient hatten, gab er eine Chance. Er bot ihnen Möglichkeiten, sich in von ihm redigierten oder beeinflußten Blättern zu äußern, er machte sie in seinem Hause mit prominenten Leuten bekannt. Kautsky war ein geschickter Pädagoge und wurde zum geistigen Paten einer ganzen Generation von Sozialdemokraten aus verschiedenen Ländern Europas. Auf Rosa und Leo übte diese überragende Figur samt ihrem Umkreis, samt ihrem kreativen Milieu eine magische Anziehungskraft aus.

Nach Berlin zu gehen und dort zu leben und zu arbeiten – dazu war Rosa bereits im Frühling 1897 entschlossen. Seit dem vorangegangenen Jahr redeten Leo und sie darüber, wie es nach ihrer Promotion weitergehen sollte. Die wissenschaftliche Ausbildung war beendet. In der internationalen politischen Ära hatte Rosa ersten Lorbeer und erste Sporen erobert. Sie mußte eine Tätigkeit für ihren Lebensunterhalt suchen und ihre politische Laufbahn planen.

In der Schweiz zu bleiben, in relativer Sicherheit, aber abgeschieden von den großen Vorgängen, die auf eine Revolution hinzielten – nicht unmittelbar einbezogen in das Geschehen einer starken marxistischen Partei – das dürfte ihr auf die Dauer zuwenig gewesen sein. So wichtig ihr die Arbeit für die polnische Partei zeitlebens blieb, suchte sie doch eine umfangreichere und zentralere Aufgabe. Die *Sprawa* hatte 1896 ihr Erscheinen eingestellt; es gab kaum noch Aktivitäten der Partei in Polen, nach einer neuen gewaltigen Verhaftungswelle waren nur die Emigranten übriggeblieben.

Wäre nicht auch eine andere Metropole in Frage gekommen, zum Beispiel Paris? Rosa sprach nicht nur fließend Deutsch, sondern auch Französisch. Und dachte sie überhaupt nicht mehr an eine Rückkehr in die polnische Heimat? Gewiß hatte Rosa ihr Leben lang Sehnsucht nach dem Vaterland. Allerdings mußte sie damit rechnen, verhaftet zu werden, wenn sie zurückkehrte, wie viele andere auch. In ganz Rußland war kein revolutionäres Wetterleuchten zu erkennen, und Rosas Rückkehr hätte an dieser Situation nicht das geringste geändert.

Nach Polen waren bereits andere Mitglieder ihrer Gruppe gefahren. Ratynski und Wesolowski, die am Zürcher Polytechnikum studiert hatten, waren 1894 illegal nach Warschau zurückgekehrt und dort verhaftet worden. Ratynski starb an den Strapazen der Verbannung, Wesolowski verbüßte zwölf Jahre verschärfte Zwangsarbeit. Adolf Warski war in Paris, der Hochburg der polnischen Nationalisten, nie richtig heimisch geworden und mit seiner Frau Jadwiga 1896 nach München gegangen. Nach München zog es auch Alexander Helphand. Helphand, der später unter seinem Parteinamen Parvus bekannt wurde, hatte als Arbeiter in Odessa gelebt, bevor er in die Schweiz kam und in Genf studierte. Er war mit Leo, Rosa und besonders mit Julian Marchlewski befreundet. Auch er hatte sein Studium beendet und gründete nun in München mit Marchlewski einen Verlag. Marchlewski hatte wegen seiner finanziellen Bedrängnis das Studium in einem Gewaltritt innerhalb dreier Jahre absolviert und mit der Doktorprüfung abgeschlossen.

Es gab gewichtige Gründe für die Anziehungskraft, die Deutschland auf die polnischen und russischen Emigranten ausübte. Als moderner Industriestaat verfügte Deutschland über eine starke Arbeiterschaft. Die deutsche Sozialdemokratie war aus den Repressalien der Sozialistenverfolgung nicht als Verlierer hervorgegangen, sondern gekräftigt und gereift. Bismarck hatte gewaltige Zugeständnisse in Gestalt der ersten Kranken-, Invaliden- und Rentenversicherung machen müssen; und schließlich war sogar seine Karriere 1890 am Sturz des Sozialistengesetzes gescheitert. Das Programm, das die deutschen Sozialdemokraten sich 1891 gegeben hatten, sahen viele europäische Sozialisten als Modell an. Unbestritten hielt die SPD als bestorganisierte Arbeiterpartei des Kontinents die führende Stellung in der Internationale. Rosa und Leo sahen in der deutschen Sozialdemokratie die Metropole des proletarischen Geisteslebens, und alle späteren Auseinandersetzungen innerhalb dieser Partei brachten sie von dieser Meinung nicht ab – bis zu dem Zeitpunkt, da die Parteiführung zu Beginn des Krieges ihren Burgfrieden mit der Regierung schloß und den Kriegskrediten zustimmte.

Doch eine solche Entwicklung war 1897 keineswegs vorauszusehen. Die Mitarbeit in der deutschen Sozialdemokratie erschien dem Paar in Zürich als notwendig: Rosa sollte ihre Kräfte und Fähigkeiten dieser Partei zur Verfügung stellen, assistiert und gelenkt von Leo, der selbst in der Schweiz bleiben würde. Rosa wollte in dieser Arbeit wachsen, sich als Persönlichkeit vervollkommnen, Einfluß gewinnen, kreativ arbeiten, Karriere machen. Längst begriff sie sich als Berufsrevolutionärin, eine andere Tätigkeit wäre ihr jetzt fremd vorgekommen.

Und Leo – zog es ihn nicht nach Berlin? Er harrte als einziger in Zürich aus. Er mußte den Posten des SDKP-Chefs halten. Außerdem hatte er sein Studium noch nicht abgeschlossen. Obwohl der Gedanke, Rosa nach Deutschland gehen zu lassen, in Leos Kopf entstanden war, fürchtete er plötzlich, sie könnte sich seinem Einfluß entziehen, wenn sie erst fort wäre. Schon vom Anfang ihrer Beziehung an hatte er stark zur Eifersucht geneigt. Er wußte und wollte, daß Rosa Karriere machen würde. Bisher war er der Dominierende in ihrem Verhältnis gewesen. So bestimmend Rosa in der Gruppe der Zürcher SDKP-Genossen hervorgetreten war, so bereitwillig hatte sie sich in allem Leos Ansichten unterworfen und ihm über jeden Gedanken, jeden Schritt und jeden Pfennig Rechenschaft abgelegt. Es scheint, daß diese beinahe genußvolle Unterwerfung im privaten Bereich und in ihrem Verhältnis zueinander die unabdingbare Kehrseite ihres öffentlichen Selbstbewußtseins war. Nun ging Leos Mentorenrolle zu Ende. Er spürte das und versuchte bis zum letzten Augenblick, Rosa präventive Fesseln anzulegen. Sie registrierte es mit Befremden, mit Unmut und mit Trauer. Die letzte gemeinsame Zeit wurde überschattet von Gerangel um die künftige Vorherrschaft – Rosa konnte beim Abschied nicht wissen, daß sie Leo bald in mehrfacher Hinsicht überflügeln würde.

Ein Hindernis mußte vor der Abreise unbedingt aus dem Wege geräumt werden. Von Parvus und Marchlewski wußten Rosa und Leo, wie sehr Ausländer in Deutschland in der po-

Rosas Hochzeit mit Gustav Lübeck, 1898: Als Ausländerin hätte Rosa in Deutschland nicht öffentlich auftreten können, ihre politische Tätigkeit wäre nur in sehr beschränktem Maße möglich gewesen. Sie erwarb die deutsche Staatsbürgerschaft durch eine Scheinehe.

litischen und beruflichen Entfaltung gehandikapt waren. Rosa würde stets von der Ausweisung bedroht bleiben, sobald sie sich mißliebig machte – und genau das hatte sie ja vor! Zwei Jahre nach ihrer Übersiedlung traf dieses Schicksal Marchlewski und Parvus – sie wurden als *unerwünschte Ausländer* aus Sachsen ausgewiesen, wo sie Redakteure der *Sächsischen Arbeiterzeitung* gewesen waren. Als Ausländerin hätte Rosa in Deutschland nicht öffentlich auftreten können, ihre politische Tätigkeit wäre nur in sehr beschränktem Maße möglich gewesen. Man durfte ohne Genehmigung nicht einmal Zeitungen abonnieren. Auf eine halbe Sache wollte sie sich nicht einlassen – sie brauchte die deutsche Staatsbürgerschaft. Und die erwarb sie – durch eine Eheschließung. Das war gewiß Leos Idee. Der Bräutigam hieß Gustav Lübeck. Er war Carl Lübecks Sohn, inzwischen vierundzwanzig Jahre alt, und arbeitete in Basel als Tagelöhner in einer Schreinerei. Er dürfte von dieser Hochzeit kaum begeistert gewesen sein, aber seine Mutter erinnerte ihn daran, daß die Familie Rosa verpflichtet wäre, und außerdem sei es eine Ehre, ihr in dieser Sache behilflich zu sein. Im April 1898 erfolgte in Basel die Trauung. Anschließend reiste das frischvermählte Paar nach Zürich. Kurioserweise ließ das Ehepaar Lübeck dort in einem Fotoatelier ein Hochzeitsbild anfertigen – zu welchem Zweck, bleibt unklar; Rosas Familie hat von dieser Verbindung nie erfahren. Vielleicht war auch dieses Detail Leos Perfektionismus geschuldet.

So rasch, wie die Ehe geschlossen wurde, war sie allerdings nicht wieder zu lösen. Niemand hatte wohl damit rechnen können, daß im Jahre 1900 in Deutschland das Familienrecht geändert wurde, so daß Rosa und Gustav sich nicht mehr auf unüberwindliche Abneigung berufen konnten, um ihre Verbindung wieder zu lösen. Fünf Jahre brauchte Rosa, bis sie endlich wieder geschieden war.

Als Gattin eines Deutschen hatte Rosa automatisch den Anspruch auf die Staatsbürgerschaft ihres Ehemannes. Die

Behörden scheinen keinen Verdacht geschöpft zu haben, daß es sich bei der Heirat zwischen einer promovierten Wissenschaftlerin und einem Maschinenarbeiter um ein zweckgebundenes Manöver handelte. Dieser Widerspruch fiel auch Leo erst nach der Trauung auf. Alsbald versuchte Rosa – allerdings erfolglos – bei den Behörden eine Änderung im standesamtlichen Register zu erreichen: der Beruf des Gatten sollte in «Kaufmann» geändert werden.

Nach der Hochzeit stand der Reise nach Deutschland nichts mehr im Wege. Mitte Mai brach Frau Dr. Lübeck nach Berlin auf.

Frau Dr. Lübeck erobert Berlin

Die Millionenstadt Berlin wirkte auf Rosa kalt und fremd, schmutzig, abstoßend, deprimierend. Was hatte sie erwartet? Wie sollte die Metropole der internationalen Arbeiterbewegung denn aussehen? Sie wußte doch, daß Berlin nicht nur Residenzstadt war, sondern auch die Hochburg des aufstrebenden deutschen Kapitals.

Berlin präsentierte sich als eine riesige Baustelle. An allen Ecken und Enden wurde die Erde aufgerissen, um Wasserleitungen, Gasrohre und Elektrokabel in die Erde zu versenken – die Eingeweide einer modernen Großstadt. Brücken und Straßen wurden erneuert, Schienenstränge verlegt. Die Elektrifizierung der Straßenbahn hatte begonnen, und der Bau einer elektrischen Untergrund- und Hochbahn sollte demnächst folgen. Die gute alte Pferdebahn würde bald der Vergangenheit angehören.

Im Wohnungsbau zeigte sich das Wohlstandsgefälle besonders kraß. Berlin war damals die am dichtesten besiedelte Stadt der Welt. In einem einzigen fünfstöckigen Mietshaus wohnten bis zu dreihundert Menschen! Mehr als 26 000 Familien lebten in Kellerwohnungen. Für eine Arbeiterfamilie – ganz gleich, wie viele Personen ihr angehörten – war eine aus Zimmer, Küche und Treppenklo bestehende Wohnung die Regel; nur wenige konnten sich *Stube-Kammer-Küche* leisten. Der Wochenlohn eines qualifizierten Arbeiters betrug etwa zwanzig Mark, eine Fabrikarbeiterin verdiente zwölf Mark. Zehn Stunden dauerte der Arbeitstag, Krankheit führte meist zum Verlust des Arbeitsplatzes, und Urlaub gab es nicht. Dicht an dicht wuchsen in den Arbeitervierteln die Mietskasernen. Die hintereinander gestaffelten lichtlosen Höfe waren erfüllt vom Lärm und Dreck kleiner Werkstätten. Die sanitären Bedingungen waren katastrophal – die neuen Rohrleitungssysteme reichten nicht bis hierhin.

Tausende von Menschen fuhren täglich mit Stadt- und Ringbahn zu ihren Arbeitsstellen. Berlin war Deutschlands größte Industriestadt. Namen wie Borsig, Krupp und Siemens ragten aus der Masse der Aktiengesellschaften hervor. Während das Stadtbild mehr und mehr von modernen Produktionsanlagen mitgeprägt wurde, leisteten unzählige Berliner Familien immer noch Heimarbeit wie in vergangenen Jahrhunderten – vor allem für die Textilindustrie. Das war eine kräftezehrende und miserabel bezahlte Art des Erwerbs, bei der auch die Kinder mitarbeiten mußten.

Elendsviertel und repräsentative Straßenzüge stießen oft übergangslos aneinander. So lag Berlins ärmste Gegend, das Scheunenviertel, in unmittelbarer Nähe des modernen Stadtzentrums mit dem neuen Bahnhof Friedrichstraße. Die Innenstadt mauserte sich in unglaublicher Geschwindigkeit zum Geschäfts- und Vergnügungsviertel. In der Friedrichstraße, einer der modernen Verkehrsadern der Stadt, gab es zeitweise mehr Lokale und Restaurants als Häuser! In der Leipziger Straße entstanden Warenhäuser mit riesigen beleuchteten Schaufenstern. Die breitgefächerte Kulturszene bot das billige Amüsement ebenso wie anspruchsvolle Konzerte und Theateraufführungen. Die ersten Kinos lockten mit *laufenden Bildern* ihr Publikum an. Dem Bauboom fielen stilvolle Häuser aus der Rokoko-Zeit zum Opfer. An ihrer Stelle wuchsen protzige Geschäftsbauten in historisierendem Stilgemisch. Der Neubau von Kirchen hatte in der Stadt ebenso Konjunktur wie der Kasernenbau, dagegen reichte die Zahl der Schulen und Krankenhäuser nicht annähernd aus. In der Gegend um den Kurfürstendamm entstanden für den gehobenen Mittelstand komfortable Mietshäuser mit elektrischer Beleuchtung, Zentralheizung und Badezimmern.

Am 16. Mai 1898 traf Rosa in Berlin ein. Der Zug, mit dem sie aus München nach Berlin gekommen war, hatte um Mitternacht auf offener Strecke einen Mann überfahren – kein gutes Omen. Noch am selben Tag schrieb sie an Leo, sie hasse Berlin und die Deutschen so, daß sie sie umbringen könnte. Diese grelle und zugleich triste Stadt, deren Puls im Rhythmus von Schienenstößen und Schmiedepressen vibrierte, dieser menschenfressende, Glanz und Elend produzierende Moloch mit seinem hektischen Atem, der gleichermaßen nach Rauch und Eisen wie nach teurem Parfüm roch – dieses Berlin sollte ihre Heimat werden? Wie still und beschaulich war doch dagegen Zürich gewesen, wo sie fast ein Jahrzehnt lang in einer Gruppe Gleichgesinnter gelebt und den Geliebten an ihrer Seite gewußt hatte. In der fremden Stadt fühlte sich Rosa mutterseelenallein. Sie war erschöpft von der Reise. In München hatte sie bei den Warskis einige Tage grippekrank gelegen. Die berühmte Berliner Luft machte ihr Kopfschmerzen, der ungewohnte großstädtische Trubel und die Allgegenwart des preußischen Militärs zerrten an ihren Nerven.

Zwei Tage lang suchte Rosa eine passende Unterkunft, die still, schön und billig sein und ihr ermöglichen sollte, regelmäßig und konzentriert zu arbeiten – gewissermaßen ihr Hauptquartier zu errichten, von dem aus sie die deutsche Sozialdemokratie zu erobern gedachte.

Natürlich sah sie dem neuen Leben mit gemischten Gefühlen entgegen. Aus freiem Entschluß war sie nach Berlin gegangen. Dieser Entschluß war gegründet auf eine genaue Analyse der politischen Verhältnisse, und er entsprach ihren Fähigkeiten und Plänen. Berlin – das war die optimale Variante. Aber Rosa fühlte, daß außer dem Ortswechsel und der politischen Herausforderung noch etwas anderes in ihrem Leben neu sein würde. Sie war keine Studentin mehr, sondern eine promovierte Wissenschaftlerin, sie stand – das wußte sie – am Anfang einer Karriere. Aus Leos Schirmherrschaft trat sie jetzt ein in ein eigenständiges politisches und berufliches Dasein. Es quälte sie, bei ihrer Abreise unklare Verhältnisse zurückgelassen zu haben. Alles war vielmals zwischen ihr und Leo besprochen, aber nicht alles zu beider Zufriedenheit gelöst worden. «Gestern abend, mitten in der fremden Stadt, fühlte ich mich ein bißchen verzagt und dachte so im tiefsten Seelenwinkel: Wäre es nicht glücklicher, statt eines solchen abenteuerlichen Lebens irgendwo in der Schweiz mit Dir zu zweit und still und herzlich zu leben und die Jugend zu genießen und sich aneinander zu erfreuen? Aber als ich mich in Gedanken nach rückwärts umsah für einen Augenblick, um zu sehen, was ich hinter mir zurückgelassen hatte, da erblickte ich – einen leeren Platz, und schlagartig wurde mir klar, daß das alles eine Täuschung war. Wir lebten doch weder zusammen, noch hatten wir aneinander Freude, und da gab es auch nichts Glückliches (das alles meine ich über unser persönliches Verhältnis, wobei ich von den sachlichen Scherereien abstrahiere, denn diese können doch nicht ein Leben in herzlichem Einvernehmen verhindern). Im Gegenteil, hinter mich zurückblickend, auf das letzte halbe Jahr und sogar noch weiter zurück, empfand ich so ein einziges verwirrendes Gefühl von Disharmonie, etwas mir Unbegreifliches, Quälendes, Düsteres, ich bekam Stiche in den Schläfen, und da eigentlich hatte ich genau das physische Empfinden von blauen Flecken an der Seele ... Und stell Dir vor, daß gerade diese blauen Flecken an der Seele mir augenblicklich Mut zu dem neuen Leben verliehen. Mir wurde klar, daß ich nichts Gutes aufgegeben hatte, daß es keinen Deut besser wäre, selbst wenn wir zusammenleben würden.»

Am nächsten Tag – und schon sah das Leben weniger düster aus – fand Rosa endlich das passende Zimmer. «Das Zimmer entspricht so ziemlich allen Ansprüchen; 1. Stock, elegant möbliert, mit einem Pianino, sonnig, mit einem kleinen Balkon, grün bewachsen, mit Schreibtisch, Schaukelstuhl, einem Spiegel über die ganze Länge der Wand, der Balkon und das Fenster gehen in den Garten, und ringsum sieht man nur Grünes.» Allerdings kostete das Zimmer 33 Mark, damit war das mit Leo vereinbarte Limit um drei Mark überschritten – was er großzügig genehmigte.

Zielstrebig schuf Rosa sich nun die Voraussetzungen für effektives Arbeiten. Sie meldete sich in der Bibliothek an und ging zur Polizei, um gegen Vorlage ihrer Heiratsurkunde einen Heimatschein zu beantragen. Ohne dieses wichtige Papier, das die Staatsbürgerschaft bestätigte, durfte sie weder Briefe noch Zeitungen empfangen und nicht öffentlich auftreten. Die ausgesetzte Frist erschien Rosa viel zu lang; kurz entschlossen bestach sie den zuständigen Polizeiassessor mit drei Mark und hielt das ersehnte Dokument nach drei Tagen in der Hand – eine notwendige Investition. Sarkastisch unterrichtete sie Leo, dem sie jeden Tag schrieb, über den Wortlaut des Schriftstückes, das ihr *die Eigenschaft als Preuße* bescheinigte. Nun konnte sie sich um ihre Mitarbeit in der Sozialdemokratischen Partei kümmern.

Rosa mußte nicht befürchten, im Parteibüro in der Katzbachstraße als eine namenlose Ausländerin zu gelten. Sie war der Parteiführung bekannt durch ihre Auftritte auf den Kongressen der Internationale und natürlich durch ihre Artikel in der *Neuen Zeit*. Trotzdem bereitete sie ihr Entree auf der neuen Bühne intensiv vor. Auf Leos Vorschlag, sie solle sich von der Redakteurin einer Frauenzeitschrift beim Parteivorstand einführen lassen, reagierte Rosa befremdet. Mit der Frauenbewegung wollte sie nichts zu tun haben – nie war die Rede davon gewesen, daß sie sich auf dieses Terrain hätte begeben sollen. Darüber waren sie sich doch schon in der Schweiz einig gewesen. Rosa war zwar gelegentlich zu den Versammlungen der Feministinnen im Zürcher Lokal *Plattengarten* gegangen, aber nie hätte sie dort das Wort ergriffen. Auch als Einstieg erschien ihr ein solches Arrangement eine unglückselige Idee zu sein. Es gab bestimmte Probleme, von denen Rosa und Leo von Anfang an gemeint hatten, erst eine

Revolution werde die Grundlage für ihre Lösung schaffen – und dazu gehörte die Befreiung der Frau. Was also war Leo da nur eingefallen?! Er schien ihr plötzlich nicht mehr zuzutrauen, den Start aus eigener Kraft zu schaffen. Rosa übergoß ihn mit einer Portion jener Ironie, die er in ihren Briefen bald noch öfter zu kosten bekommen sollte. Nein, sie wollte nicht eingeführt werden, sie würde vielmehr von Anfang an so auftreten, daß die Partei-Oberen gar nicht an ihr vorbeikönnten!

Sie verschaffte sich rasch einen gründlichen Überblick über die politischen Verhältnisse in Deutschland. Systematische Gründlichkeit und hohes Arbeitstempo war sie gewohnt. Sie legte sich Karteikästen an, in denen sie Zeitungsausschnitte und anderes Material sammelte, nach Sachgebieten geordnet. Als sie ihren Heimatschein hatte, abonnierte sie sofort eine Reihe von Zeitschriften und Tageszeitungen – deutsche und ausländische, sozialdemokratische und bürgerliche. Andere Presseerzeugnisse las sie in der Bibliothek; dorthin fuhr sie regelmäßig viermal in der Woche. In München hatte ihr Adolf Warski Franz Mehrings *Geschichte der deutschen Sozialdemokratie* geschenkt. Noch präziseres Wissen prägte sie sich mit Hilfe des SPD-Handbuches ein. Dieses Buch konnte sie nicht kaufen, weil es zu teuer war; die Anschaffung hätte vier Mark gekostet und den von Leo aus der Ferne streng überwachten Etat gesprengt! In der Bibliothek paukte sie die Einzelheiten wie Vokabeln und Grammatikregeln.

Auch dazu, wie ihre Tätigkeit für die Partei aussehen würde, entwickelte sie einen konkreten Schlachtplan. Sie wollte ihre politische Karriere mit einer Agitationsreise nach Oberschlesien beginnen. Leo in Zürich schlug entsetzt die Hände über dem Kopf zusammen, als er von diesem Plan erfuhr – er hielt ihn für kindisch und abwegig. Aber Rosa hatte sich alles genau überlegt. Am 16. Juni sollten Wahlen stattfinden, und die Sozialdemokraten wollten ihre bisher sehr mageren Erfolge unter den dort lebenden polnischen Arbeitern verbessern. Diese Aufgabe wollte Rosa übernehmen und sich damit Anerkennung beim Parteivorstand erwerben. Bereits eine Woche nach ihrer Ankunft in Berlin stellte sie sich im Parteibüro vor. Ihre gründliche Vorbereitung trug Früchte. Der Sekretär Ignaz Auer war beeindruckt von Rosas Persönlichkeit, von ihren umfassenden Kenntnissen und von ihrem konkreten Angebot. Rosa war eine erstklassige Rednerin, sie sprach Polnisch, und sie besaß die deutsche Staatsbürgerschaft. Und natürlich war Auer, wie später noch einige andere wichtige Partei-Männer, bezaubert von Rosas Charme. Als Rosa das Haus in der Katzbachstraße verließ, war sie eingetragenes Mitglied der deutschen Sozialdemokratie. Und am 2. Juni 1898 brach sie nach Oberschlesien auf.

Der Wahlkampf war in dieser Region besonders schwierig – die Gastwirte mußten um ihre Konzessionen fürchten, falls sie ihre Säle den Sozialdemokraten vermieteten. Rosa sprach überall dort, wo es trotz dieser Einschränkung möglich war, sie leitete Wahlhelfer an, übersetzte Flugschriften ins Polnische. Sie verausgabte sich bis zur Erschöpfung. Aber sie erlebte auf dieser Reise auch glückliche Augenblicke, in denen sie sich der alten Heimat sehr nahe fühlte. «Den bestimmenden und stärksten Eindruck hat die hiesige Gegend auf mich gemacht: Kornfelder, Wiesen, Wälder, weite Flächen und die polnische Sprache, polnische Bauern ringsum. Du hast keinen Begriff, wie mich das alles beglückt. Ich fühle mich wie neugeboren, als ob ich wieder Boden unter den Füßen gefunden hätte. Ich kann mich nicht satt hören an ihren Reden, satt riechen an der hiesigen Luft.»

Die Reise wurde ein Erfolg. Bei den Wahlen errang die SPD mehr als 25000 Stimmen; acht Jahre zuvor waren es nicht einmal 5000 gewesen! Von dieser reichen Ernte hatte Rosa einen beachtlichen Anteil eingebracht und sich damit in der deutschen Sozialdemokratie unübersehbar eingeführt. Außerdem schloß sie auf dieser Reise einige wichtige Be-

Rosa als Rednerin: «Jetzt bin ich sicher, daß ich in einem halben Jahr zu den besten Parteirednern gehören werde. Die Stimme, die Zwanglosigkeit, die Sprache, alles kommt mir zugute, und das Wichtigste, daß ich die Tribüne so ruhig betrete, als würde ich mindestens zwanzig Jahre lang auftreten, ich fühle auch nicht das geringste Lampenfieber.»

kanntschaften. In Breslau hatte sie den Redakteur Bruhns getroffen, und auf der Rückfahrt nach Berlin lernte sie zufällig Bruno Schoenlank von der *Leipziger Volkszeitung* kennen, mit dem sie sich sofort anfreundete. Diese Bekanntschaften wurden Anlaß für wütende Eifersuchtsattacken aus Zürich. Leo konnte mit Rosas erstem Erfolg nicht besonders gut umgehen ... Schoenlank verschaffte Rosa die Möglichkeit, regelmäßig für seine Zeitung zu schreiben. Rosa wußte, daß sie das Zeug zu einer hervorragenden Journalistin hatte, und sie war Schoenlank dankbar für ihren raschen Einstieg in die Tagespresse. In ihren Briefen an Leo machte sie sich Gedanken über die «Art und Weise, wie man in der Partei meistens die Artikel schreibt. Es ist ja alles so konventionell, so hölzern, so schablonenhaft. Ich glaube, die Ursache liegt darin, daß die Leute beim Schreiben meistenteils vergessen, in sich tiefer zu greifen und die ganze Wichtigkeit und Wahrheit des Geschriebenen zu empfinden. Ich glaube, daß man jedes Mal, jeden Tag, bei jedem Artikel wieder die Sache durchleben, durchfühlen muß, dann würden sich auch frische, vom Herzen und zum Herzen gehende Worte für die alte, bekannte Sache finden. Aber man gewöhnt sich so an die Wahrheit, daß man die tiefsten und größten Dinge so herplappert wie ein Vaterunser. Ich nehme mir vor, beim Schreiben nie zu vergessen, mich für das Geschriebene jedesmal zu begeistern und in mich zu gehen.» Leo stimmte ihr darin zwar zu, aber sein Lob hielt sich in Grenzen. Er verfügte nicht über die schriftstellerischen Fähigkeiten, seine Gedanken in mitreißender Weise zu Papier zu bringen; und doch wollte er auch weiterhin Einfluß auf Rosas Veröffentlichungen nehmen, indem er sie aus der Ferne in beinahe zensorhafter Weise begutachtete und kommentierte.

Der schlesische Erfolg und die daraus so plötzlich erwachsenden Möglichkeiten waren für Rosa Anlaß genug, über die Art ihrer zukünftigen Einflußnahme und über ihre Profilierung nachzudenken. Das tat sie in ausgiebigen brieflichen

Debatten mit Leo: «Du bist sicher sehr unzufrieden mit meiner bisherigen Arbeit, ich hingegen bin erfüllt von den besten Hoffnungen. Nicht, daß ich entflammt und von Enthusiasmus gepackt wäre, im Gegenteil, ich bin ganz ruhig und sehe zuversichtlich in die Zukunft. Du hast keine Ahnung, wie gut meine bisherigen Versuche, auf Versammlungen aufzutreten, auf mich gewirkt haben. Ich hatte doch in dieser Hinsicht nicht die geringste Sicherheit, ich mußte mich aufs Eis wagen. Jetzt bin ich sicher, daß ich in einem halben Jahr zu den besten Parteirednern gehören werde. Die Stimme, die Zwanglosigkeit, die Sprache, alles kommt mir zugute, und das Wichtigste, daß ich die Tribüne so ruhig betrete, als würde ich mindestens zwanzig Jahre lang auftreten, ich fühle auch nicht das geringste Lampenfieber.»

Wegen genau dieser Begabungen hatte Leo Rosa am Beginn ihrer Beziehung an sich binden wollen. Nun, da er aus der Ferne den Wahrheitsgehalt ihrer Worte nur schwer einschätzen konnte, versuchte er, ihren Überschwang zu bremsen, sie auf den vermeintlichen Boden der Tatsachen herunterzuziehen – er hatte einfach Angst, daß sie sich überschätzen könnte. Aber Rosa analysierte ohne falsche Bescheidenheit und ohne Hybris ihre Fähigkeiten und suchte nach einer maßgeschneiderten Aufgabe, bei der sie diese Fähigkeiten am besten einsetzen könnte. Denn obwohl sie ihren Wahlkampf-Einsatz keineswegs geringachtete, dachte sie doch nie daran, sich auf diese Art Tätigkeit zu beschränken. Der Wahlkampf in Oberschlesien – das war doch erst der Anfang! Sie suchte die Auseinandersetzung mit den zentralen Problemen der Partei. Und damit geriet sie folgerichtig mitten hinein in die existentiellen Auseinandersetzungen innerhalb der deutschen Sozialdemokratie, die sich an einen ganz bestimmten Namen knüpften: Eduard Bernstein.

Bernstein war ein bekannter und geachteter Theoretiker, und seine jüngst veröffentlichte Auffassung, der Marxismus sei revisionsbedürftig, sorgte für viel Wirbel und löste erbitterte Debatten über den Sinn der sozialistischen Bewegung aus. War unter den Bedingungen des entwickelten Kapitalismus die Propagierung der sozialistischen Revolution wirklich noch zeitgemäß? Seine Behauptung, die Bewegung sei ihm alles, das Endziel dagegen nichts, spaltete die Sozialdemokratie in Anhänger und Gegner seiner provokanten Thesen. Aber zunächst einmal mußte Rosa feststellen, daß mit Ausnahme der *Sächsischen Arbeiterzeitung*, die von ihren Freunden Marchlewski und Parvus geleitet wurde, sich kein einziges Blatt ernsthaft mit Bernsteins Thesen befaßt hatte. Merkte denn niemand, daß hier der Lebensnerv der gesamten sozialistischen Bewegung getroffen war? Rosa sprang in die Lücke, die noch kein anderer zu füllen gewagt hatte. Während Leo sie noch dringend mahnte, sie solle unbedingt versuchen, ein Referat auf dem nächsten SPD-Parteitag zu ergattern – was Rosa als Hirngespinst abtat –, setzte sie sich hin, schrieb innerhalb weniger Tage eine brillante Artikelserie, in der sie sich mit Bernstein auseinandersetzte, und machte sich damit sofort einen Namen als eigenständige Theoretikerin. Zum zweiten Mal nach der schlesischen Wahlkampftour bewies sie ihren Instinkt für die richtige Chance.

In erweiterter und überarbeiteter Form entstand aus der Artikelserie schon Anfang 1899 das Buch *Sozialreform oder Revolution?* – das erste in einer Reihe von Werken, die ihren Ruf als Theoretikerin in der Nachfolge von Marx begründeten. Die erste Auflage war innerhalb weniger Wochen verkauft. Das Buch wurde heftig diskutiert. Rosa nahm viele Einladungen an, auf Versammlungen zu sprechen, und wurde rasch in Deutschland bekannt.

Als Rosas Buch erschien, begann noch ein anderes Buch, die deutschen Gemüter zu beschäftigen: *Die Grundlagen des XIX. Jahrhunderts* von Houston Stuart Chamberlain, einem Schwiegersohn Richard Wagners. Darin entwickelte der Verfasser seine Rassentheorie und beschrieb die Deutschen als höchststehende Rasse, die niederste dagegen seien die Juden. Er sandte das Buch dem Kaiser mit der Bemerkung, Deutschland müsse aus der zermalmenden Umarmung der Juden erlöst werden. Wilhelm II. zeigte sich beeindruckt und ordnete nach der Lektüre an, Chamberlains Werk in jeder preußischen Schulbibliothek auszulegen.

Im Mai 1898 war Rosa in Berlin angekommen, und im Herbst schon erhielt sie ein Mandat zum SPD-Parteitag in Stuttgart; das hätte sie ohne ihre Polemik gegen Bernstein allerdings nie bekommen. Außerdem, Leo konnte es kaum glauben, bot ihr der SPD-Vorstand die Chefredaktion der *Sächsischen Arbeiterzeitung* in Dresden an. Dieser kometenhafte Start erschreckte Leo. Er reiste nach Dresden, um Rosa zu unterstützen, denn er traute ihr nicht zu, diese verantwortungsvolle Arbeit allein zu bewältigen. Sie wohnten in verschiedenen Hotels, trafen sich spätabends nach der Arbeit und stritten viel. Bereits nach kurzer Zeit warf Rosa das Handtuch: mit einem Krach schied sie aus der Redaktion wieder aus. Als Grund gab sie an, die Mitarbeiter und die Pressekommission der Partei behinderten ihre Tätigkeit. Die Härte und Kompromißlosigkeit, die Rosa in der Redaktionstätigkeit an den Tag legte, weisen deutlich hin auf Leos Wirken im Hintergrund.

In ihrer ersten Zeit in Deutschland hatte Rosa von einem Teil der Parteifunktionäre Vorurteile und auch offene Ablehnung erfahren. Aber anderthalb Jahre nach ihrer Ankunft in Berlin war sie ohne Zweifel eine Größe innerhalb der SPD, mit der man rechnen mußte. Die «Großen» der Partei boten ihr jetzt in aller Form die Freundschaft an. Ganz in der Nähe von Rosas Unterkunft in Berlin-Friedenau wohnte Karl Kautsky. Rosa und er besuchten einander fast täglich, und in diese Freundschaft war bald die gesamte Familie einbezogen – die Kinder, die Großmutter (die eine Schriftstellerin war) und Kautskys Bruder (ein Maler, der Rosa Anregungen für eigene künstlerische Tätigkeit gab). Besonders zu Kautskys Frau Luise entstand eine enge Beziehung, auf die am ehesten das altmodische Wort innig zutrifft. Die beiden Frauen blieben unzertrennlich, auch als ein Jahrzehnt später die Freundschaft zwischen Rosa und Kautsky an politischen Differenzen zerbrach. Mit Luise konnte Rosa fröhlich und ausgelassen bis zur Albernheit sein; die Anzahl der Menschen, mit denen ihr das im Laufe ihres Lebens möglich war, dürfte nicht allzu groß gewesen sein.

Auch zu Clara Zetkin entwickelte Rosa in dieser Zeit eine lebenslange Freundschaft. Der Parteivorsitzende August Bebel hatte nach anfänglichen Vorbehalten ebenfalls eine herzliche Zuneigung zu Rosa gefaßt; davon profitierte später Leo in seiner Eigenschaft als Chef der SDKP. Rosas Beziehung zu Bebel war eng und dauerhaft. Als Bindeglied diente beiden die Achtung vor der Leistung des anderen, die von der jeweils eigenen ziemlich verschieden war, wenngleich sie demselben Ziel diente. Rosa konnte sich mit Bebels Kompromißbereitschaft nicht immer abfinden. Sie hatte aber auch ungewöhnliche Sympathieerklärungen parat, wenn ihr danach war. Während eines Parteitages steckte sie in Bebels vor der Hotelzimmertür stehende Schuhe einen Zettel, auf dem stand: Aujust, ick liebe dir!

Rosa hatte Freude daran, ihre Freunde bei sich zu Hause zu empfangen und zu bewirten. An Leo, der ihre Fähigkeiten als Gastgeberin bezweifelte, schrieb sie: «Es war herrlich gedeckt (sogar Sträußchen zu 10 Pf lagen neben jedem Teller und in der Mitte eine Hyazinthe im Topf), das Auftragen ging wie geschmiert. Es gab Brötchen mit Kaviar (für 50 Pf, damit Du nicht erschrickst), Lachs und Ei, dann Borschtsch in Tassen mit Pastetchen, Fisch gesäuert, Lendenbraten mit Gemüse, Kompott, eine Mehlspeise, Käse mit Radieschen und schwarzen Kaffee mit Kognac, zu trinken Limonade und Bier. Sie schimpften mich nach jedem neuen Gang aus, aber sie aßen alles und verlangten am Ende sogar noch einstimmig

Sie wurden unzertrennliche Freundinnen: Rosa Luxemburg und Luise
Kautsky. Rosa an «Lulu» nach dem gemeinsamen Urlaub im Spätherbst
1906: «Ich schreibe Dir im Zug während der Überfahrt über den Brenner.
Jeder Ruck des Zuges, jede Windung des Gleises vom Süden weg schnei-
det mir ins Herz. Nie war mir noch das Scheiden vom Süden so schwer.»

Champagner, wobei sie dumme Gesichter machten, als ich in die Küche ging und den Champagner brachte (den vom Bruder). Natürlich haben sie ihn restlos ausgetrunken ... Sie saßen bis halb zwei.»

In Rosas Freundeskreis fand sich immer jemand, mit dem sie ausgehen konnte – meist war es Luise Kautsky. Aber allzuoft (für Leos Geschmack) war das auch Bruno Schoenlank; der Parteiklatsch blühte üppig, denn noch wußte niemand in Berlin, daß Rosas Herz in Zürich geblieben war. Rosa liebte Besuche in der Oper, sie ging in Konzerte, ins Kabarett. Einsame Abend mit blauen Flecken auf der Seele kannte sie nicht mehr. Manchmal wurde es ihr sogar zuviel, jeden Abend von der Arbeit weg zum Vergnügen geschleppt zu werden. Denn an erster Stelle stand nach wie vor die Arbeit, und dafür wollte sie ein gesundes Leben führen, mit ausreichend Schlaf, mit vernünftiger, regelmäßiger Ernährung und mit einem geregelten Tagesablauf.

«Morgens vor 8 werde ich wach, hopse ins Vorzimmer, schnappe Zeitungen und Briefe, dann schwupp unter das Federbett und lese die wichtigsten Sachen. Dann reibe ich mich kalt ab (regelmäßig, jeden Tag), dann kleide ich mich an, trinke auf dem Balkon ein Glas heiße Milch mit Butterbrot (Milch und Brot bringen sie mir jeden Morgen ins Haus). Dann ziehe ich mich ordentlich an und gehe für eine Stunde in den Tiergarten spazieren (regelmäßig, jeden Tag, bei jedem Wetter). Dann gehe ich wieder nach Hause, ziehe mich um und schreibe meine Notizen für Parvus oder Briefe. Mittags esse ich um 12.30 zu Hause für 60 Pf. in meinem Zimmer, das Mittagessen ist ausgezeichnet und äußerst gesund. Nach dem Mittagessen jeden Tag schwupp auf das Kanapee, schlafen! Gegen 3 stehe ich auf, trinke Tee und setze mich, um die Notizen und Briefe zu schreiben (je nachdem, was ich vormittags getan habe), oder ich lese Bücher ... Um 5 oder 6 trinke ich Kakao, arbeite weiter, oder häufiger noch gehe ich dann zur Post, um Briefe und Notizen aufgugeben (diese

Tätigkeit liebe ich ungeheuer). Um 8 esse ich Abendbrot: (erschrick nicht) drei weiche Eier, Brot mit Butter, mit Käse oder Schinken und noch ein Glas heiße Milch. Dann setze ich mich an den Bernstein (Oh! ...). Gegen 10 trinke ich noch ein Glas Milch (einen Liter täglich). Ich arbeite abends sehr gern. Ich habe mir einen roten Lampenschirm gemacht und sitze an meinem Schreibtisch, gleich am offenen Balkon; das Zimmer im rosa Halbschatten sieht entzückend aus, und über den Balkon kommt aus dem Gärtchen frische Luft. Gegen 12.00 ziehe ich den Wecker auf, singe etwas vor mich hin, dann bereite ich die Schüssel mit dem Wasser für die morgendliche Abreibung vor, kleide mich aus und schwupps unters Federbett.»

Rosas Bemühungen, Leo ebenfalls zu so gesunden Gewohnheiten zu erziehen, schlugen fehl. Weder Kakao noch Spaziergänge oder kalte Abreibungen konnten ihn begeistern; er rauchte viel und trank gern Bier, und auch ein Frühaufsteher ist er ihr zuliebe nicht geworden.

Trotz ihrer regelmäßigen Lebensführung wurde Rosa oft von Krankheiten geplagt. Schlimme Erkältungen, Migräne, Magen- und Leberbeschwerden zwangen sie immer wieder, die Arbeit zu unterbrechen. Sobald sie aber einigermaßen bei Kräften war, sprang sie vom Krankenbett auf, versuchte aus der Arbeit neue Kraft zu schöpfen und die verlorene Zeit aufzuholen. Zum Teil waren diese Erkrankungen, die Rosa mit vielen ihrer Zeitgenossinnen teilte, der ungesunden Kleidung geschuldet, die den Frauen von der Mode vorgeschrieben wurde – vor allem dem enggeschnürten Korsett, das Magen und Leber quetschte und die freie Atmung behinderte. In ihrer Kleidung war Rosa sehr wählerisch, auch wenn sie wenig Geld dafür aufwenden konnte. Sie kleidete sich sorgfältig und mit Eleganz auch im Detail. Die makellose Frisur und das geschmackvolle Kleid gehörten ihrer Meinung nach nicht weniger zum öffentlichen Auftreten als eine geschulte Stimme. «Ich bin sehr ordentlich gekleidet, von der Schwester erhielt ich drei neue Blusen und einen eleganten Stoff für eine vierte, einen schwarzen Rock, einen schönen Winterhut (Bolero), einen entzückenden goldenen Ring, dann eine hübsche Reisetasche, einen Haufen Wäsche und einen englischen Schal. Summa summarum fehlen mir nur noch: eine Jacke, schwarze Handschuhe, Strümpfe und Stiefel ... Ein Korsett schickt mir die Schwester aus Warschau. Das alles ist sehr interessant, nicht wahr?» Rosa wußte genau, wie ungeduldig Leo in ihren Briefen solche Passagen überflog, um endlich Ausführungen zum «Wesentlichen», zur Arbeit zu finden.

Das Geld für ihren Lebensunterhalt mußte Rosa nicht mehr von Leo erbitten. Sie verdiente jetzt ausreichend, wenn auch nicht üppig, durch ihre publizistische Arbeit. Erstmals in ihrem Leben, sie war fast dreißig Jahre alt, stand sie auf eigenen Füßen. Sie wußte zu diesem Zeitpunkt, daß sie das Zeug zu einer überdurchschnittlich guten politischen Autorin hatte, und sie begann Pläne in dieser Richtung zu machen. Dabei gab ihr der erfolgreiche Start in Deutschland kräftigen Auftrieb. «Weißt Du, was ich in letzter Zeit spüre, und zwar sehr stark? Daß etwas in mir gärt, das sich offenbaren will, natürlich etwas Geistiges, etwas zu schreiben. Nicht daß Du denkst, es wären wieder irgendwelche Gedichte oder Novellen. Nein, Goldchen, ich spüre irgendwie im Gehirn, daß ich nicht einmal den zehnten, ja nicht einmal den hundertsten Teil meiner Kräfte genutzt habe ... Ich spüre, daß mir ‹in der Seele› eine ganz neue, originelle Form heranreift, die sich nichts aus Formeln und Schablonen macht und sie durchbricht – natürlich nur durch die Kraft des Geistes und der Überzeugung. Ich habe das Bedürfnis, so zu schreiben, daß ich auf die Menschen wie der Blitz wirke, sie am Schädel packe, selbstredend nicht durch Pathos, sondern durch die Weite der Sicht, die Macht der Überzeugung und die Kraft des Ausdrucks.»

Leo in Zürich begleitete diese Entwicklung mit mißtrauischen Kommentaren. Das Tempo, mit dem Rosa das Terrain eroberte, war ihm nicht geheuer. Er hatte nicht vorhersehen können, daß sie derart schnell seinen Fittichen entwachsen und einen eigenen Weg finden würde. Mit beinahe verzweifeltem Nachdruck bestand er auf seinem Herrschaftsanspruch Rosa gegenüber. Leo hatte schon immer ein besonderes Verhältnis zu Macht und Einfluß gehabt. Er verlangte nach Macht, und wenn er einen Zipfel davon zu fassen bekam, übte er sie gleichermaßen klug wie rücksichtslos aus – sowohl Einzelpersonen gegenüber als auch innerhalb von Organisationsstrukturen. Aber er vermied es, einen Führungsposten anzustreben, der mit Öffentlichkeit verbunden gewesen wäre. Sein Gelände lag stets hinter den Kulissen, und er blieb seinem inneren Selbstbildnis vom Konspirateur treu. Das bedeutete aber, daß er in hohem Maße von Rosa abhängig war. Als sie begann, sich von ihm zu emanzipieren und nicht mehr nur sein Sprachrohr, seine Schreibfeder sein wollte, sondern zunehmend eigene Konzeptionen entwickelte, die nicht immer mit den seinen übereinstimmten – da empfand er Stolz, aber auch Panik. Rosa erntete den Ruhm ihrer gemeinsamen Arbeit, allerdings auch die öffentliche Schelte – nicht selten zog sie antisemitische Hetzkampagnen auf sich.

Dziodzio, komm!

Rosa war nach Deutschland gegangen in der Überzeugung, daß die Trennung von Leo vorübergehend sei, und er muß sie bestärkt haben in dem Glauben, daß er rasch sein Studium abschließen und ihr nachfolgen würde. Doch schon bald nach Rosas Abreise setzte ein langer Abschied ein – ein Abschied Stück um Stück von ihrer Utopie einer neuartigen Partnerschaft. «Ich lebe hier gewissermaßen ohne Luft. Wenn Du hier wärst, d. h. wenn wir zusammen leben würden, wäre meine Existenz hier irgendwie normal, und es kann leicht sein, daß mir dann auch Berlin gefallen würde und ich im Tiergarten Vergnügen am Spazierengehen hätte etc. Jetzt nehme ich genaugenommen keinerlei angenehme Eindrücke auf – ob es regnet, ob die Sonne brennt, ist mir völlig gleichgültig, gehe ich durch die Straßen, so achte ich überhaupt nicht auf die Auslagen, die Menschen; zu Hause denke ich nur daran, was zu tun ist, welche Briefe zu schreiben sind, und lege mich mit der gleichen Gleichgültigkeit schlafen, mit der ich aufstehe. Letzten Endes scheint es mir, daß das alles einen sehr einfachen Grund hat – weil Du nicht hier bist.»

Dieser klagende Ton erlangte jedoch keine Dominanz. Die Arbeit war wichtiger als die Sehnsucht. Auch über die Entfernung hinweg arbeiteten Leo und Rosa gemeinsam. Sein Einfluß ist deutlich erkennbar: jeder Gedanke wurde ausführlich besprochen, jedes Wort hin- und hergewendet. Leo sorgte dafür, daß er das Maß aller Dinge blieb: «Ja fühlst Du denn nicht», schrieb Rosa ihm, «daß ich alles, was ich tue, immer nur in Gedanken an Dich tue: Wenn ich einen Artikel schreibe, so ist mein erster Gedanke – das wird Dir Freude bereiten, und an Tagen, wo ich an meinen Kräften zweifle und nicht arbeiten kann, quält mich der einzige Gedanke, wie Du es aufnehmen wirst, daß ich Deine Erwartungen nicht erfülle.» Seine Zuneigung erschien ihr als Lohn dafür, daß sie so arbeitete, wie er es erwartete.

Je mehr sich Rosa jedoch in Deutschland und in ihrem neuen Arbeitsfeld zurechtfand, desto mehr vertraute sie ihrem eigenen Kopf. Zusehends wurde sie selbstbewußter Leo gegenüber, und sie forderte ihn auf, sein Studium endlich zu Ende zu bringen. Rosa überlegte, welcher Professor und welches Seminar Leos speziellen Interessen am besten entsprächen, sie suchte nach einem geeigneten Dissertationsthema, ermahnte ihn, seine Faulheit zu bekämpfen. Sie wußte natürlich, daß Leos relative Gleichgültigkeit gegenüber allem, was mit der Universität zusammenhing, daher rührte, daß er das Studium nur als Mittel zum Zweck betrachtete: es ermöglichte ihm den Aufenthalt in der Schweiz und damit eine ziemlich ungestörte politische Arbeit. Und diese Arbeit hatte in seinem Leben stets die absolute Priorität.

Immer wieder fragte Rosa an, wie weit er mit seiner Dissertation wäre. Und ein zweites Problem interessierte sie nicht minder heftig: Leo bemühte sich in Zürich um die Einbürgerung. «Dziodzio, wenn Du 1. die Staatsbürgerschaft erledigst, 2. die Promotion beendest, 3. Dich mit mir offen in einer eigenen Wohnung niederläßt und wir beide arbeiten werden, so wird es bei uns *ideal* sein!! Kein Paar auf der Welt hat derart alle Voraussetzungen, um glücklich zu sein, wie *wir*. Und wenn nur noch etwas guter Wille unsererseits hinzukommt, so werden, müssen wir glücklich sein. Waren wir nicht so viele Male glücklich, sobald wir nur etwas länger zusammenlebten und sobald Arbeit mit dabei war?» Unüberhörbar nahm der beschwörende Tonfall ihrer Briefe an Leo zu. Wenn er Staatsbürgerschaft und Doktorwürde in der Tasche hätte, sollte er unverzüglich zu ihr nach Berlin kommen.

Und dann? Welche Formen gab es eigentlich für die Liebe in einer Zeit, da die Frauen Korsett und Tournüre zu tragen

hatten und falsche Zöpfe zwischen die eigenen flochten? Da
die Männer schon in jungen Jahren nach würdevollem Aussehen
trachteten und Hals und Kinn über steifen Kragen reckten?
Ein düster-trockener Ehrbegriff verschränkte sich im
Deutschland der Jahrhundertwende mit Bigotterie und
preußischer Strenge zu einem engen Moralkäfig, in dem für
Lebenslust kaum Platz blieb. In der bürgerlichen Familie war
der Mann das Oberhaupt, der Ernährer; er allein entschied
alle rechtlichen und finanziellen Angelegenheiten. Die Frau
stand unter der Vormundschaft ihres Vaters, ihres Ehemannes
oder ihres Bruders, lebenslang. Der Leipziger Nervenarzt
Paul Julius Möbius veröffentlichte in dieser Zeit seine Theorie
Vom physiologischen Schwachsinn des Weibes: die Frau besitze
von Natur aus weniger Intellekt und mehr Instinkt, daher
sei sie «tierähnlich und unselbständig». Die Koordinaten
des Frauenlebens bildeten Küche, Kirche und Kinderstube.
Für die schwangere Frau schickte es sich nicht, die Wohnung
zu verlassen, sobald der «gesegnete Leib» nicht mehr ins Korsett
paßte. Wenn die Hausfrau und Mutter neben ihren
Pflichten Zeit und Muße fand, konnte sie versuchen, in der
Beschäftigung mit den schönen Künsten Erfüllung zu finden:
Malen, Schreiben, Musizieren galten durchaus als Tugenden.
Leidenschaft dagegen war etwas Anrüchiges und führte bekanntermaßen
ins Verderben: Fontanes *Effi Briest*, Ibsens
Nora – das war zu Rosas Zeit Gegenwartsliteratur. Für die
Liebe außerhalb der Ehe blieben nur Heimlichkeit und
Schande.

In diesem festgefügten Rahmen einen Platz und eine Form
für ein Zusammenleben zu finden, das nicht unbedingt dem
bürgerlichen Kodex entsprach, war kein kleines Stück Arbeit
– und Rosa stand allein vor dieser Aufgabe. Sie machte Vorschläge,
und Leo lehnte sie ab, manchmal unumwunden,
manchmal indirekt. Nicht ganz zu Unrecht fürchtete er, Rosa
könnte, kaum seinen Fittichen entschlüpft, Gefallen am bürgerlichen
Leben finden. Rosa wünschte sich ein gemeinsames

Leo um 1900: Drei Jahre lang flehte Rosa ihn an, zu ihr nach Berlin zu ziehen. «Verstehe doch endlich, daß ich meinen Vater auch nicht an der Nase herumführen kann. Im vergangenen Jahr versprach ich im Vertrauen auf
Deine Versprechungen, daß wir uns in diesem Frühjahr gemeinsam einrichten werden. Jetzt weiß ich schon seit Monaten nicht mehr, wie ich Vater auf seine Briefe antworten soll, und winde mich wie ein Dieb. Es ist also Zeit, mit diesem Hinausschieben Schluß zu machen.»

Heim, Kinder, einen geordneten Hausstand, und sie war den hausfraulichen Tugenden nicht abgeneigt. Aber das alles konnte ihr nie Inhalt eines Zusammenlebens bedeuten. Das verbindende Ziel befand sich ja außerhalb ihrer Partnerschaft und war nichts Geringeres als eine völlig neue Gesellschaft, die selbstverständlich auch die Beziehungen zwischen Mann und Frau revolutionieren würde! Und wenn die Errichtung dieser neuen Gesellschaft auch noch in fernster Zukunft lag – im privaten Bereich wollte Rosa sie sofort: jene Assoziation gleichberechtigter Individuen, in der die freie Entfaltung des einzelnen die Voraussetzung für die freie Entfaltung beider wäre! «Wie wir einander brauchen!» beschwor sie Leo aus der Ferne. «Wahrhaftig, kein anderes Paar hat eine solche Aufgabe im Leben, gegenseitig einer aus dem anderen einen *Menschen* zu machen wie wir!»

Rosa war bürgerlich erzogen worden, und ihre Umgebung in Deutschland war bürgerlich geprägt. Die Führer der deutschen Sozialdemokratie lebten mit ihren Frauen, mit ihren Familien durchaus nach Normen und Konventionen, die sie der Klasse abgeschaut hatten, die sie eigentlich entmachten wollten. Nach Deutschland war Rosa gekommen, um in diesem Kreis Karriere zu machen – das setzte auch eine gewisse Anpassung ihres Lebensstils voraus. Es erschien ihr als notwendig, sich in die unausgesprochenen moralischen Übereinkünfte zu schicken und mit Leo eine bürgerliche Ehe zu führen – wenigstens nach außen hin. Und warum sollte sich diese tradierte Form eigentlich nicht dem neuen Inhalt anpassen? Wenn Rosa sich umschaute unter den namhaften Frauen, die ihr Leben der Revolution verschrieben hatten, dann erschien ihr nicht die unfrisierte, schlecht gekleidete Vera Sassulitsch als nachahmenswert; Vera hauste allein in einem Zimmerchen, sie zerschnitt das Fleisch mit der Schere und briet die Happen auf einem Bunsenbrenner, um sie sogleich in den Mund zu schieben. Das war für Rosa kulturlos und nicht akzeptabel. Ihr schwebte eher ein Leben wie das ihrer neuen Freundin Clara Zetkin vor. Clara lebte mit einem achtzehn Jahre jüngeren Maler zusammen, versah ein großes Hauswesen und zog zwei Söhne auf – und war vollbeschäftigte Redakteurin der Frauenzeitschrift *Gleichheit*. Es war also möglich!

Nun kann man Claras Maler Zundel gewiß nicht mit dem Verschwörer Jogiches vergleichen. Und das Zetkinsche Beispiel diente Rosa auch keineswegs als Vorbild. Nein, sie hatte schon in Zürich ihren Lebensentwurf klar vor sich gesehen, als sie Clara überhaupt noch nicht kannte und als sie noch der Meinung war, daß Leo über die gemeinsame Zukunft ebenso dächte wie sie selbst. Rosa war klar, daß mit der Ära des individuellen Terrors auch die Zeit der Revolutions-Boheme vorüber war, und sie begab sich auf die Gratwanderung zwischen bürgerlicher Respektabilität und glaubwürdigem klassenkämpferischem Engagement. «Am meisten erfreute mich dieser Absatz in deinem Brief, in dem Du schreibst, daß wir beide noch jung sind und daß wir es noch schaffen werden, auch unser privates Leben einzurichten. Ach, Dziodziu, goldener, wenn Du dieses Versprechen halten würdest! Eine eigene kleine Wohnung, ein paar eigene Möbel, eine eigene Bibliothek; ruhige und regelmäßige Arbeit, gemeinsame Spaziergänge, ab und zu in die Oper, ein kleiner, ein *sehr* kleiner Kreis von Bekannten, die man gelegentlich zum Abendbrot einlädt, jedes Jahr im Sommer eine Reise für einen Monat aufs Land, das aber *ganz* ohne Arbeit! Und vielleicht auch noch so ein kleines, ganz kleines Baby? Wird es niemals erlaubt sein? Ach, Dziodziu, werde ich niemals ein Baby haben?» Als dieser Brief geschrieben wurde, war Rosa neunundzwanzig Jahre alt, Leo zweiunddreißig.

Ein Baby – schon das Wort löste bei Leo Alpträume aus. Was Rosa da in seinen Geburtstagsbrief hineininterpretierte, hatte er so gewiß nicht gemeint. Aber Rosa war besessen von dem Wunsch nach einem Kind. Sie stellte sich vor, wie schön es wäre, gemeinsam Weihnachten zu feiern – mit eigenen

Kindern im eigenen Hause. Schon als sie noch mit Leo in Zürich war, hatte er keine rechte Begeisterung für das Weihnachtsfest gezeigt; Rosa hatte das nicht als Symptom gedeutet. Jetzt, vor dem Hintergrund einer beginnenden beruflichen Existenz, würde sich Leos Familien-Phobie sicher leicht heilen lassen – so glaubte sie. Die nötige Geduld wollte sie aufbringen, und unablässig bombardierte sie den fernen Geliebten mit ihren Wünschen.

Oft konnten Emigranten nicht heiraten, weil die erforderlichen Papiere, die aus den Heimatländern beschafft werden mußten, unerreichbar waren. Rosa aber besaß die notwendigen Urkunden, sie hatte sie bereits für die Heirat mit Gustav verwendet. Wieso konnte Leo sich von seinen Geschwistern in Wilna keinen Geburtsschein schicken lassen? Weil er in der Schweiz unter falschem Namen lebte? Die Bewerbung um die Staatsbürgerschaft war doch ein viel schwierigeres Unterfangen als eine Heirat! Allerdings war Rosa noch die Ehefrau des Maschinenarbeiters Gustav Lübeck. Deshalb bemühte sie sich Monat um Monat, die nötigen Unterlagen für eine Scheidung zusammenzubekommen. Sie beauftragte einen Anwalt und verlangte von Leo, daß er sich mit Gustav träfe und die Modalitäten regelte – sie erwartete, daß ihr Ehemann die Schuld auf sich nehmen und Untreue vorspiegeln würde. Leo ließ die Angelegenheit schleifen; ob Rosa verheiratet oder geschieden war, spielte für ihn keine Rolle. Im Februar 1900 reiste Rosa selber nach Zürich, aber sie mußte erfahren, daß die Schweizer Behörden sich für Scheidungsangelegenheiten deutscher Staatsbürger nicht zuständig fühlten.

Nun, dann wollte Rosa eben ohne Trauschein mit Leo leben. Endlich einen gemeinsamen Haushalt führen! Endlich ein Kind haben! Ja, ein uneheliches Kind. Ein kühner Gedanke, der ihr selber wohl kaum realistisch erschien; denn sie erwog, Leo in Berlin als ihren Bruder oder Cousin einzuführen und für ihn ein zweites Zimmer beim gleichen Vermieter zu nehmen. Sollte das eine Wiederholung des Zürcher Untermieterdaseins werden?

Rosas Verwandte in Warschau hatten auf verschlungenen Wegen erfahren, Rosa wäre verlobt. Wahrscheinlich hatte Rosa selbst diese Legende ausgestreut, als sie noch an eine Hochzeit glaubte. Jetzt schrieb Rosa dem Vater auf seine Anfrage, sie würden bald heiraten, es gäbe nur noch ein Problem mit Leos Erbschaft zu klären. Dieses magische Wort versetzte Elias Luksenburg in Entzücken. Seit er wegen Krankheit und Altersbeschwerden nur noch sporadisch arbeiten konnte, lebte er in ärmlichen Verhältnissen und war auf Almosen seiner Verwandten angewiesen. Er bezog die Erbschaft des unbekannten zukünftigen Schwiegersohnes sofort in seine geschäftlichen Überlegungen ein und forderte Rosa auf, Leo an seine familiären Pflichten zu erinnern: Zuerst müsse die ältere Tochter verheiratet oder zumindest «versorgt» sein – dann könne auch die Jüngere in den Ehehafen steuern. Er rechnete fest damit, daß Leo der inzwischen vierundvierzigjährigen Anna eine Mitgift zahlen würde. «Ließe es sich also nicht auf folgende Weise machen, d. h.: offen mit Leo reden, daß Du jetzt schon für Deine ältere Schwester eine bestimmte Summe brauchst, sagen wir, etwa 500 Rubel als Mitgift, denn falls er redliche Absichten hat und Dich liebt, dann sollte das keinen Unterschied machen, denn das ist in der ganzen Welt üblich … Haben wir auf diese Weise das in der Bank hinterlegte kleine Kapital für Andzias Mitgift, dann würde weder sie noch uns genieren, wenn Deine Hochzeit zuerst stattfinden sollte. Übrigens, Hauptsache, die Summe liegt auf der Bank, dann findet sich vielleicht schon ein besserer.» Rosa sah sich plötzlich zwischen zwei Feuern und gab den Druck an Leo weiter: «Verstehe doch endlich, daß ich meinen Vater auch nicht an der Nase herumführen kann. Im vergangenen Jahr versprach ich im Vertrauen auf Deine Versprechungen, daß wir uns in diesem Frühjahr gemeinsam einrichten werden. Jetzt weiß ich schon seit Monaten nicht mehr, wie ich Vater auf seine Briefe antworten soll, und winde mich wie ein Dieb. Es ist also Zeit, mit diesem Hinausschieben Schluß zu machen.»

Über all diese Manöver konnte Leo nur die Schultern zucken. Er sah wenig Grund, Rosa in diesen Dingen entgegenzukommen. Alles, was ein bürgerliches Familienleben ausmachte, hatte er vor einem Jahrzehnt in Wilna hinter sich zurückgelassen – diese Entscheidung galt für ihn lebenslang. Bürgerliche Lebensregeln erschienen ihm unvereinbar mit dem Beruf des Revolutionärs. Wer diesen Beruf ernst nahm, hatte stets auf gepackten Koffern zu leben, stets bereit zu sein für Flucht, Exil, Verhaftung, Tod. Verglaste Bücherschränke, Weihnachtsbäume und gestickte Tischwäsche paßten zu dieser Lebensmaxime ebensowenig wie Familienrücksichten und Rosas Wunsch nach einem Kind. Er war schon im Gefängnis gewesen, er hatte in Verstecken gelebt und aus der Heimat fliehen müssen. Rosa hatte noch keine Gelegenheit gehabt zu beweisen, ob auch sie tatsächlich Freiheit und Leben einsetzen würde für das, was sie *die Sache* nannten.

Rosa merkte allmählich, daß nicht nur sie sich verändert hatte. Als erstes wurde ihr Leos pedantisches Mentorentum lästig. Ja, sie war ihm dankbar. Ja, sie wußte, daß er ihr Lehrer war. Viel mehr als von dem großen Plechanow hatte sie von Leo gelernt, was einen marxistischen Revolutionär ausmacht. Aber es sollte ja schon vorgekommen sein, daß ein Schüler seinem Lehrer über den Kopf wuchs – vor allem dann, wenn der Lehrer selbst nicht genug darauf achtete, sich weiterzuentwickeln. Rosa wehrte sich dagegen, daß Leo sie an der Leine führte. Er wollte offenbar nicht begreifen, daß sie ohne seine ständige Gegenwart und Anleitung überhaupt zurechtkam. Und daß seine Schülerin sich anschickte, ihn zu überflügeln, muß ihn in seinem Stolz arg getroffen haben. Er versuchte das auszugleichen, indem er die Zügel straffer anzog.

Als Rosa ihre aufsehenerregende Artikelserie über Bernsteins Revisionismus geschrieben und Leo Kopien davon geschickt hatte, reagierte er wie immer kritisch. Aber dieses Mal war sie nicht dankbar. Sie begehrte auf, denn sie wußte sehr gut, welche Leistung sie vollbracht hatte. Leos harsche Zurechtweisung empfand sie nur als rechthaberisch. «Deine Bemerkungen sind völlig verfehlt. Sie haben mich sogar sehr verwundert, denn es zeigt sich, daß Du einige Punkte falsch auffaßt, und ich war sicher, daß Du in dieser Hinsicht unfehlbar bist wie der Papst.» Und sarkastisch meinte sie: «Aber das macht nichts, von Zeit zu Zeit ist so eine Dusche gesund, insbesondere für einen Menschen, dem es, so wie mir, an innerem Halt fehlt.» Es kränkte sie sehr, daß Leo ihre unverstellte Sehnsucht nach seiner Nähe als Mangel an innerem Halt auffaßte. Postwendend warf sie ihm Mangel an Kenntnissen vor. Er sollte doch nicht versuchen, seine Methoden aus dem *polnisch-russischen Puppentheater* auf eine legal arbeitende Millionenpartei anzuwenden! Ein Schlagabtausch begann, der über mehrere Jahre hinweg anhalten sollte.

Als sie in Zürich gemeinsam darüber nachgedacht hatten, ob und wie Rosa nach dem Studium in Deutschland arbeiten sollte, da hatte Rosa bereits erkannt, was der Preis für ihre Arbeitsteilung sein würde: «Mein Erfolg und öffentliches Auftreten kann, je länger, desto mehr, unser Verhältnis vergiften – wegen Deines Stolzes und Argwohns. Angesichts dessen beginnt das Problem der Reise nach Deutschland Zweifel in mir zu wecken.» Damals hatte sie behauptet, sich für das Leben mit dem Geliebten, gegen eine Karriere entscheiden zu wollen: «Wenn ich nach reiflicher Überlegung zu dem Schluß komme, daß vor mir die Alternative steht: mich aus der Bewegung zurückzuziehen und irgendwo in einem Loch in Harmonie mit Dir zu leben oder in einer weiten Arena und in Unfrieden mit Dir zu wirken – wähle ich das erste.» Jetzt wußte sie, daß diese Alternative nur für das Briefpapier taugte. Und Leo wollte keineswegs mit Rosa im stillen Kämmerlein in Liebe und Zweisamkeit leben – er wollte genau das behalten, was er hatte: eine gefügige Geliebte als Vorposten an der politischen Feuerlinie. Sich selbst sah er als General auf dem Feldherrnhügel, die Schlachtpläne ausarbeitend, die Befehle erteilend. Er merkte natürlich, daß dieses Bild bereits ins Wanken geriet, und er wehrte sich auf seine Weise. Genau dosiert vergab er Tadel und Schelte, Lob und Liebesworte in seinen Antworten auf Rosas seitenlange tägliche Briefe. Natürlich sollte Rosa eine bedeutende Person des öffentlichen Lebens werden – und ihm als solche nützen. Die Meinungsverschiedenheiten bezogen sich mehr und mehr auf die Rollenverteilung in ihrer Partnerschaft.

Warum hatte Leo denn seinen tapferen Soldaten nach Deutschland geschickt? Sein Ziel war es doch, Einfluß auf die deutsche Sozialdemokratie und damit internationale Wirksamkeit zu gewinnen. Diesen Part übernahm Rosa nun selbst, und dafür wollte sie auch noch von ihm gelobt werden. Doch Leos Anerkennung war immer schwerer zu bekommen. Er krittelte an allem herum, was Rosa tat und dachte – an ihrer Garderobe, an der selbstbewußten Art ihres öffentlichen Auftretens, an ihrer Sorge um Vater und Geschwister, an den Radieschen mit Käse, die sie ihren Freunden servierte, am Verhältnis zu den Freunden überhaupt. Rosas neue Freunde in Deutschland – dieses Kapitel war eine unerschöpfliche Quelle für Leos Eifersucht. Er hatte große Angst, Rosa könnte die Zügel zerreißen und ihm davongaloppieren – mit einem anderen Mann. Ohne sie wäre er von seinem Ziel völlig abgeschnitten gewesen, das wußte er sehr genau. Als Geliebte war Rosa gewiß ersetzbar, als Arbeitspartnerin nicht.

Die ausufernden Debatten um Rosas finanzielle Gepflogenheiten spiegeln am deutlichsten das sich wandelnde Verhältnis wider. Leo beschuldigte sie der Liederlichkeit im Umgang mit Geld – mit seinem Geld! Er suchte sie davor zu bewahren, auf den Hund zu kommen. Kühl fragte Rosa zurück, was er denn täte, um dieser Gefahr selbst zu entgehen. Während der Studentenjahre und in den ersten Berliner

Monaten hatte Rosa ihre Finanzen stets auf Heller und Pfennig bei Leo abgerechnet. Was die Ausgaben für die polnische Partei betraf, hielt sie es selbstverständlich weiterhin so. Aber sie begann, sich Leos Bevormundung in ihren privaten Ausgaben zu widersetzen. Schließlich ernährte sie sich jetzt selbst – und darauf war sie sehr stolz. «Es erniedrigt und ärgert mich immer ungeheuer, wenn ich Dir über alle nichtigen Bagatellen und Ausgaben Rechenschaft ablegen muß. Du könntest doch endlich einmal Vertrauen zu mir haben.» Anfangs versuchte Rosa noch, Leo mit sanftem Spott in die Schranken zu weisen. «Wenn meine Selbständigkeit dazu reichen soll, daß ich mich auf eigene Faust in der politischen Arena bewege, so muß sie auch dazu reichen, mir eine Jacke selbst zu kaufen.» Doch als Leo sie direkt beschuldigte, sie gehe mit *seinem* Geld liederlich um, platzte ihr der Kragen. «Andere Frauen verdienen selbst nichts und stellen keine besonderen moralischen und geistigen Werte dar und sind zu all dem ‹unordentlich›, doch deren Männer sind mit ihnen sehr zufrieden und fallen ihnen nicht auf die Nerven, und zweitens ist das eine *Unwahrheit*, denn bei mir herrscht in allem eine ideale Ordnung, und ich möchte anderen raten, von mir zu lernen. Über Deine Finanzen brauchst Du mir nichts zu schreiben, denn sie gehen mich nichts an, und für mich werde ich immer verdienen, und wenn ich ein Kind haben werde, so werde ich stets in der Lage sein, es allein aufzuziehen.»

Allein? Seit Rosas Weggang aus Zürich waren erst achtzehn Monate vergangen. Sie dachte noch nicht wirklich an Trennung, aber sie überlegte schon, was von ihrer Utopie des Zusammenlebens als gleichberechtigte Kampfgefährten und Liebespaar zu retten wäre – und sie setzte Leo unter Druck mit Hinweisen darauf, daß sie sich ein Leben ohne ihn durchaus vorstellen könnte.

Rosa besaß eine Fotografie von Leo, die einen ganz anderen Mann abzubilden scheint als den jungen Wilnaer Rebellen mit dem ungestümen Haarschopf. Auf dieser Atelieraufnahme trägt Leo ein Anzugjackett aus feinem Tuch und einen gestärkten weißen Hemdkragen. Das nach hinten gekämmte Haar zeigt bereits Geheimratsecken. Die sinnlichen Lippen sind verschwunden unter einem modisch gestutzten Vollbart und einem Schnurrbart mit gewichsten, gezwirbelten Spitzen. Leos Vorliebe für elegante Kleidung aus teuren englischen Stoffen erfreute Rosa, aber vielleicht gehörte sie zu seiner Tarnung? Wer hätte in diesem gutsituierten Bürger, der stets einen Stock oder einen Regenschirm bei sich trug, einen Umstürzler vermutet? Später, während des Ersten Weltkrieges, wurde Leo aufgrund seines Aussehens gar für einen Lebensmittelschieber gehalten ...

Im Herbst 1899 reiste Leo unter falschem Namen und mit «geliehenen» Papieren nach Deutschland. Er hatte keineswegs die Absicht zu bleiben, sondern er wollte Rosa in einer schwierigen Situation helfen und sie zugleich kontrollieren. Rosa hatte ein Mandat für den SPD-Parteitag in Hannover bekommen – für Leo endlich eine konkrete Möglichkeit, Einfluß auf die deutsche Sozialdemokratie zu gewinnen. Die Angelegenheit war ihm zu wichtig, um sie der «Anfängerin» zu überlassen. Besonders glücklich war Rosa allerdings nicht über seine Anwesenheit. «Offen gestanden, habe ich große Angst – weißt Du warum? Daß mir, sobald ich Dich im Zimmer bei mir spüre, meine ganze Initiative sofort verfliegt und ich darauf warte, was Du sagst.» Trotzdem betrachtete sie nach der gemeinsamen Zeit in Hannover Leos baldige Übersiedelung nach Deutschland als beschlossene Sache.

Doch kaum war Leo wieder in der Schweiz, suchte er erneut Ausflüchte wegen der gemeinsamen Wohnung. Rosa ging auf seine Vorbehalte ein, erwog sogar ihren eigenen Umzug in eine andere Stadt, fernab jeglicher Parteiprominenz. Ein letzter Tribut an Leos Konspirationssucht? Aber je mehr sie ihn mit Vorschlägen überhäufte, desto mehr verschloß er sich. Hamburg, Heidelberg, München – Leo wollte nicht, darüber konnte sie sich nicht länger hinwegtäuschen. Sie fühlte sich zurückgestoßen und in ihrem Stolz verletzt. Zurückweisungen von Leo hatte sie schon öfter erfahren, ohne sie zu verstehen; doch immer wieder war es ihr gelungen, seinen Panzer zu durchbrechen. Die lange Trennung erzeugte zusätzliche Mißverständnisse. Und Rosa fehlte vielleicht manchmal das rechte Einfühlungsvermögen. Während sie von ihren Erfolgen oft wie berauscht war, saß Leo in Zürich mittlerweile auf ziemlich verlorenem Posten. Die Partei, die er mit Rosa von Zürich aus gegründet hatte, war nach einer großen Verhaftungswelle im Königreich Polen seit Jahren gelähmt, und er kam sich vor wie ein General ohne Armee. In dieser Lage mußte ihn Rosas andauerndes Drängen genauso belasten, wie seine ständige Kritik sie kränkte. Besorgt beobachtete Rosa, daß Leo allmählich abstumpfte und kein Interesse mehr an intensiver geistiger Arbeit zeigte: «Leo ist trotz seiner außerordentlichen Begabung Geistesschärfe einfach unfähig zu schreiben; sowie er seine Gedanken schriftlich niederlegen soll, ist er wie gelähmt. Das war der Fluch seines Daseins während eines Dutzends von Jahren – seit er von der praktischen organisatorischen Wirkung in Rußland wegmußte. Er fühlte sich ganz entwurzelt, vegetierte nur in ewiger Erbitterung, verlor schließlich die Gewohnheit zu lesen, da es doch zwecklos war. Sein Leben schien definitiv verpfuscht.» Leo las nicht die für die Arbeit erforderlichen Zeitungen, war nach Rosas Meinung nicht genug über die internationalen Vorgänge informiert, so daß sie oft nur den Kopf schütteln konnte, wenn er ihr Hinweise für ihre Tätigkeit geben wollte. «Oh, nimm Dich nur in acht, Buseli, daß Deine Frau nicht mit der Zeit einen Mann hat, der dümmer ist als sie.» Der scherzhafte Ton wird nichts daran geändert haben, daß er tief verletzt war und sich noch mehr zurückzog.

Merkte Rosa, daß sie eben jene Rolle übernahm, die sie an Leo so unangenehm fand – die des Erziehers, des Kritikers, des Besserwissers? In allen bisherigen Auseinandersetzungen zwischen Rosa und Leo war die Grundlage jeglicher Kritik immer das unbedingte Zusammengehörigkeitsgefühl gewesen. Jetzt jedoch, um die Wende vom alten zum neuen Jahrhundert, durchlebte Rosa eine Zeit schlimmsten Zweifels. Bei ihrem Besuch in Zürich wegen der Scheidungsformalitäten dürfte ihr nicht entgangen sein, daß Leo sein autonomes Leben fernab von Berlin und ihren eigenen Zukunftsplänen durchaus genoß – und daß er es auch mit der Treue nicht allzugenau nahm. Hatten sie sich nicht so weit voneinander entfernt, daß ein scharfer Schnitt als einzige Lösung erscheinen mußte? «Du fragst dauernd, wie ich so gelassen in Gedanken unser Verhältnis quittieren konnte. Ob sich das ‹gelassen› vollzog, davon spreche ich hier nicht. Aber wie ich mich überhaupt dazu entschlossen habe? Nun, ich sage Dir das ganze Geheimnis: Mir wurde besonders nach meinem letzten Aufenthalt in Zürich klar, daß meine geistige Gestalt völlig Deinem Auge entschwunden ist, daß ich für Dich ganz einfach so eine und so eine bin, die sich vielleicht von den anderen höchstens dadurch unterscheidet, daß sie Artikel schreibt. Wenn ich hingegen, besonders hier, auf Schritt und Tritt sehe, mit was für Frauen andere Leute leben und wie sie sie verehren und für Gott weiß was halten, wie sie sich einfach ihrer Herrschaft unterwerfen, so erinnerte ich mich auf Schritt und Tritt, wie Du mich behandelst, und mir wurde klar, daß Dir hinsichtlich meines geistigen Wesens jedes Maß und jede Erinnerung abhanden gekommen ist. Und diese Überzeugung war für mich der lebendigste und schmerzlichste Beweis, daß Du innerlich für mich erkaltet bist. – Du fragst, ob ich von nun an wieder ein gemeinsames geistiges Leben mit Dir führen will? Die Antwort ist klar, aber vergiß nicht, daß ihre Verwirklichung von Dir abhängt. So, wie wir in den letzten Jahren gelebt haben, ist kein gemeinsames geistiges Leben zu schaffen.» Sie drohte ihm mit dem Abbruch der Beziehung, weigerte sich, ihm überhaupt noch zu schreiben.

Leo war alarmiert und sprang endlich über seinen Schatten. Im August 1900 kam er nach Berlin – und er blieb da. Sein Studium hatte er nicht abgeschlossen, obgleich er zehn Jahre seines Lebens daran verwendet hatte. Gewiß war nicht Liebe der Grund für Leos Übersiedlung. Seit Plechanows Bannfluch ihn aus der russischen Bewegung verdrängt hatte, war die Arbeit für die polnische Partei Leos wichtigstes, ja beinahe einziges Betätigungsfeld. Sein Umzug nach Berlin war nicht nur durch Rosas Ultimatum bestimmt. Er fiel zusammen mit dem Zeitpunkt eines neuen Aufschwungs in der polnischen Partei, die sich mit der litauischen Sozialdemokratie zur SDKPiL vereinigt hatte. Leo wollte nun das Hauptquartier dieser Partei in Berlin errichten – Zürich lag doch etwas zu weit entfernt, und er suchte nach wie vor die Nähe und die Partnerschaft der deutschen Sozialdemokratie für seine Partei, die sich gegen viele konkurrierende Gruppen und Fraktionen in der polnischen und russischen Bewegung behaupten mußte. Leo ging mit Elan an diese Aufgabe. Es gelang noch im Jahr 1900, in allen größeren polnischen Städten die durch die Verhaftungen zerstörten Gruppen wieder zu beleben und illegale Zellen der SDKPiL zu etablieren. Gleichzeitig arbeitete Leo auf die organisatorische Verschmelzung mit der russischen Sozialdemokratie hin; denn 1899 war in Rußland endlich an Stelle der zahllosen Gruppen und Grüppchen die SDAPR gegründet worden. Die Bedeutung, die Leo damit gewann, schuf ein neues Gleichgewicht in der Beziehung zwischen Rosa und ihm.

Für seine polnische Arbeit legte sich Leo ein neues Pseudonym zu, das im Gegensatz zu seinem echten Namen ganz polnisch klang: Jan Tyszka. Viel mehr noch als seinerzeit Lewka in Wilna wurde nun Tyszka in Russisch-Polen eine legendäre Person von großem Einfluß. Aber außer dem engsten Führungszirkel wußte niemand – weder die zaristische Geheimpolizei noch die Parteibasis in Polen –, wer sich hinter diesem Decknamen verbarg. Tyszka war «eine dermaßen mythische Gestalt, daß die Sozialdemokraten der jüngeren Generation vermuteten, daß es sich dabei um ein neues literarisches Pseudonym von Rosa Luxemburg handelte», schrieb Zdzislaw Leder, einer von Leos Mitarbeitern, in seinen Erinnerungen. Trotz seiner Konsequenz in allen Fragen der Konspiration wird Leo doch ob dieser Annahme mit den Zähnen geknirscht haben. Denn bei dem gewaltigen und wichtigen Pensum an Arbeit, das er im verborgenen leistete, war es wieder Rosa, die allen öffentlichen Ruhm erntete. Sie war sehr viel auf Reisen quer durch Deutschland, um Vorträge zu halten, oftmals jeden Tag in einer anderen Stadt. Ihr wurde eine Funktion im Bureau der Sozialistischen Internationale übertragen. Nach wie vor arbeitete sie für die polnische Bewegung; fast im Alleingang schrieb und redigierte sie eine in Polnisch erscheinende Zeitung für die Arbeiter im von Preußen annektierten Teil Polens.

Erstmals lebten Rosa und Leo offiziell in derselben Wohnung – in zwei möblierten Zimmern, zur Untermiete. Natürlich agierte Leo wieder unter falschem Namen. Daß *Grosovski* Rosas Mann war, sollte niemand wissen. Allerdings wurde das Verhältnis nur notdürftig geheimgehalten, denn daß sie beide ständig gemeinsam auftauchten und auch noch in einer Wohnung lebten, nährte den parteiinternen Klatsch und Tratsch. Weder Rosa noch Leo wußten, daß *Grosovski* von den Partei-Oberen hinter beider Rücken als *Herr Rosa* bezeichnet wurde. Und jeder, der mit dem Paar in Kontakt kam, machte sich seine Gedanken darüber, warum Rosa ausgerechnet diesen zwar gut aussehenden, aber streng und kalt wirkenden Russen favorisierte.

Der spätere Luxemburg-Biograph Paul Frölich meinte: «Befremdend scheint dieser Bund zwischen der heiteren Rosa mit ihrem stürmischen Temperament und den reichen Gaben des Genies, die sie verschwenderisch ausgeben mochte, und diesem Leo, dessen Wesen Härte und Zucht war, der für sich und andere nur die Pflicht kannte, die Pflicht bis zur Pe-

114

danterie, der sich und andere kaltblütig der Sache opferte und nur in seltenen, vorbeihuschenden Augenblicken die Tiefe seines Gefühls ahnen ließ.»

Kautsky beschrieb Leo als einen Diktator, der es nicht duldete, wenn man sich seinem Willen nicht beugte. Leos konspiratives Talent registrierte er mit einer gewissen Verachtung, die aus seiner eigenen politischen Existenz in der Sicherheit einer legalen Millionenpartei herrührte. Dem listigen, kaltblütigen und mit eisernem Willen begabten Jogiches sei Mitleid fremd gewesen – ganz gleich, ob es sich um Freund oder Feind handelte.

Clara Zetkin dagegen meinte, mit dem Talent für Organisation und Konspiration wäre Leos Leistung nicht ausreichend beschrieben: «Ein durchdringender, dialektisch gerichteter Geist war Leo Jogiches.» Sie schrieb ihm eine außergewöhnliche Bescheidenheit zu, die «ein Zeichen echten Wertes und vollen Aufgehens des Persönlichen im Dienste eines Ideals ist». Im Sinne dieses Ideals hat sie Leo wohl etwas heroisiert, denn sie behauptete: «Er war eine jener heute noch sehr seltenen Mannspersönlichkeiten, die neben sich in treuer, beglückender Kameradschaft eine große Weibspersönlichkeit ertragen können, ohne deren Wachsen und Werden als eine Fessel des eigenen Ichs zu empfinden.»

Das gemeinsame Leben des Paares wurde schon nach einem Jahr jäh unterbrochen. Leos Bruder Ossip litt an Tuberkulose. Bereits todkrank, kam er aus Wilna zu Leo, und beide Brüder reisten nach Nordafrika zu einer Kur. Nach drei qualvollen Monaten starb der Bruder, und Leo kehrte zu Rosa nach Berlin zurück. In dieser Zeit, im Frühling 1902, hatte Rosa endlich eine ideale eigene Wohnung gefunden. Die Cranachstraße 58 in Berlin-Friedenau wurde eine wichtige Adresse in der deutschen wie in der internationalen Sozialdemokratie – ein Anlaufpunkt für Genossen aus anderen Städten, aus anderen Ländern. Dort zog nach seiner Rückkehr aus

Afrika auch Leo ein – offiziell als Rosas Untermieter. Diese Wohnung bewohnte Rosa zehn Jahre lang, und sie war ihr sehr lieb – das rote und das grüne Zimmer, der Balkon, der Glasschrank mit den Büchern, die Nippesfiguren, der Tisch mit der Samtdecke ... In ihrer Erinnerung blieb die Cranachstraße 58 stets verbunden mit ihrer Liebe zu Leo. Ihr Zusammenleben empfand sie als behaglich und ruhig – schwer vorstellbar in diesen Jahren der Macht- und Richtungskämpfe innerhalb der SPD wie innerhalb der polnisch-russischen Sozialdemokratie; Rosa und Leo waren in alle diese Kämpfe eingebunden. Aber dieser Lebensabschnitt war auch geprägt von gleichberechtigter und selbstbestimmter Arbeit. Gab es keine Streitereien mehr, keine Schuldzuweisungen, keine Vormundschaft? War diese kleine Wohnung ein Hort dessen, was Rosa sich einst erträumt hatte: eine Partnerschaft, die sich nicht selbst genügte, sondern den Rahmen gab für die Arbeit an einem umfassenderen Ziel?

Der Schein trog. Im Oktober 1901 war Bruno Schoenlank gestorben. Mit ihm hatte Rosa einen engen Freund und zuverlässigen Bundesgenossen verloren – und Leo einen vermeintlichen Nebenbuhler. Mit Schoenlanks Tod wurde die Chefredaktion der *Leipziger Volkszeitung* vakant. Man fragte Rosa, ob sie die Stelle übernehmen wolle. Leo, der damals noch in Afrika war, riet sofort ab. Seiner Meinung nach war Rosa dieser Tätigkeit nicht gewachsen. Und auf merkwürdige Weise wiederholte sich jetzt ein Vorgang, der bereits während Rosas kurzer Redakteurszeit in Dresden drei Jahre zuvor zu beobachten war. Wieder versuchte Leo – nun im Winter 1901/02 – Rosa die Übernahme auszureden. Fürchtete er, daß Rosas Prestige-Gewinn sich in allzu praktischer Weise in ihrem Zusammensein niederschlagen würde? Rosa bemühte sich, ihm das gemeinsame Leben in Leipzig schmackhaft zu machen: «Das erste, das sich in mir wie auch in Dir gegen diesen Gedanken empört, das ist die Angst vor neuer Unruhe, vor der Zertrümmerung dieses stillen Hafens, den wir uns

Berlin-Friedenau, Cranachstraße 58: In diesem Haus wohnte Rosa zehn Jahre lang, und ihre Wohnung war ihr sehr lieb. In ihrer Erinnerung blieb die Cranachstraße 58 stets verbunden mit ihrer Liebe zu Leo.

eben erst aufgebaut haben und den wir noch gar nicht in Anspruch genommen haben … Im übrigen kennt uns dort kein
Hund, und da ich niemand bei mir empfangen würde, wäre
also auch unser Verhältnis völlig frei von Kontrolle (wenn
wir, zu zweit durch die Straßen gehend, ein wenig Vorsicht
walten lassen).» Sie führte Leo vor Augen, daß diese Position
ihr genug Geld für sie beide einbringen würde: sie könnten
eine Wohnung einrichten, gut gekleidet sein, jeden Sommer
ans Meer fahren! Oder ins Gebirge – wie damals in der
Schweiz, als sie beide noch Studenten und jung verliebt waren … Dieses goldene Zeitalter lag erst fünf Jahre zurück.
Rosa wußte, daß Leos Stolz ihm verboten hätte, von ihr Geld
anzunehmen – und sie wußte auch, daß sein Vermögen aus
der großväterlichen Erbschaft immer noch ausreichend war.
Aber sie wollte wenigstens die Möglichkeit aussprechen;
denn schließlich hatte sie von ihm lange genug Geld angenommen, als sie noch kein eigenes verdiente. «Und als Wichtigstes: eine politische Stellung. Was es bedeutet, Redakteur
der ersten Parteizeitung zu sein, das weißt Du selbst.»

Leo blieb hart. Er war nicht da, und er wollte nicht, daß sie
ohne ihn eine so schwierige Aufgabe übernahm. Rosa fügte
sich nur halb: Sie teilte sich den Chefredakteurssessel mit
Franz Mehring. Diese Zusammenarbeit funktionierte, solange Leo fern in Afrika weilte. Sobald er aber wieder in Rosas Nähe zurückkehrte, traten «plötzlich» Meinungsverschiedenheiten zwischen Rosa und Mehring auf, die nicht nur
dazu führten, daß Rosa die Arbeit in Leipzig niederlegte; sie
brachten sogar den zeitweiligen Bruch mit Mehring, dem
Rosa einen bitterbösen Brief schrieb. Die befremdliche
Härte, die aus diesem Brief spricht, die offensichtliche Un-
fähigkeit zur Konzilianz dem eigentlich so geschätzten und
verehrten Mehring gegenüber weisen deutlich auf die Person
hin, die im Hintergrund Einfluß auf Rosas Tun und Denken
nahm. Wenn Rosa ihrem Mann auch angekündigt hatte, er
müsse sich nach seiner Übersiedlung «demütig» in ihr Leben

einfügen, so scheint er doch seinen Willen in manch wichtiger Angelegenheit durchgesetzt zu haben. Oftmals wies er Rosa harsch zurecht, wenn sie seiner Meinung nach nicht genug und nicht gut genug für die polnische Partei gearbeitet hatte.

Als Rosa allerdings im Jahre 1904 ihre erste Gefängnisstrafe antreten mußte, hatte Leo Gelegenheit, eine andere Seite seines Wesens zu zeigen. Während einer Wahlkampfreise im Frühjahr 1903 hatte sie in einer Rede Kaiser Wilhelm II. mit dem Satz attackiert: «Der Mann, der von der guten und gesicherten Existenz der deutschen Arbeiter spricht, hat keine Ahnung von den Tatsachen.» Daraufhin war sie wegen Majestätsbeleidigung zu drei Monaten Haft verurteilt worden. Bereits 1901 hatte sie in Posen wegen Beleidigung des preußischen Kultusministers vor Gericht gestanden, war aber mit hundert Mark Geldstrafe davongekommen. Jetzt sorgte Leo von «draußen» dafür, daß Rosa in der Haft möglichst gut verpflegt wurde und ausreichend Lektüre bekam, daß die Verbindung zu ihren Freunden nicht abriß und sie auch aus ihrer Zelle im Zwickauer Gefängnis heraus politisch wirken konnte. Das alles organisierte er mit der Umsicht des erfahrenen Konspirateurs. Rosa absolvierte ihre Gefängniszeit mit Stolz. Hier holte sie sich ihre Sporen als politische Gefangene – ein notwendiges Ehrenzeichen, wie es scheint. Sie hatte endlich den «Rückstand» gegenüber Leo aufgeholt – obwohl die Zwickauer Haftanstalt nicht mit einem zaristischen Kerker zu vergleichen war. Rosa las, meditierte, schrieb – beinahe gewinnt man den Eindruck, daß sie diese Zeit genossen hat. Sie versuchte sich sogar zu wehren, als sie infolge einer Amnestie früher als vorgesehen aus der Haft entlassen wurde. Sie kehrte zurück in ihre Wohnung, zu Leo, zu ihrer Arbeit.

Das Zusammenleben in der Cranachstraße endete, als Leo mit dem Ausbruch der russischen Revolution 1905 nach Polen ging. Beide ahnten nicht, daß diese erneute Trennung der erste Schritt zu endgültigen sein sollte.

Die Liebe in den Zeiten
der Revolution

Der 22. Januar des Jahres 1905 ging als *Blutsonntag* in die russische Geschichte ein. An diesem Tag formierte sich in der Hauptstadt Petersburg ein gewaltiger Demonstrationszug. Mehr als hunderttausend Arbeiter zogen vor den Zarenpalast, um vom Herrscher die Linderung ihrer Not zu erbitten. Mit dem russisch-japanischen Krieg war das Russische Reich in eine tiefe Krise gestürzt. Armut und Unterdrückung hatten ein unvorstellbares Ausmaß angenommen. Der Aufmarsch glich allerdings eher einer Prozession als einer revolutionären Aktion: die Arbeiter führten statt roter Fahnen Heiligenbilder mit sich, sie sangen keine Kampflieder, sondern fromme Bittgesänge, und angeführt wurden sie von einem Popen. Die mitgebrachte Petition konnte dem Zaren nicht übergeben werden – er hatte bereits die Flucht aus der Hauptstadt angetreten. Eine Eliteeinheit schoß die friedliche Kundgebung zusammen. Auf dem riesigen Platz vor dem Winterpalais blieben 1500 Tote liegen. Tausende Demonstranten wurden verwundet.

Die Nachricht von dem Blutbad verbreitete sich in Windeseile über ganz Rußland. Als ob die Gewehrsalven vor dem Zarenpalast die noch in ihrem Glauben an das Gerechtigkeitsempfinden von Väterchen Zar befangene Arbeiterschaft aufgeweckt hätten, brach überall im Land der Generalstreik aus. Die revolutionäre Erhebung griff auch auf Russisch-Polen über. Vor allem in den großen Industriezentren kam es zu Streiks, zur Bildung von Arbeiterräten und auch zu bewaffneten Auseinandersetzungen. Die Mitgliedschaft der Sozialdemokratischen Partei in Polen wuchs überraschend schnell auf die unglaubliche Zahl von dreißig-

Revolution in Rußland, 1905: Als ob die Gewehrsalven vor dem Zarenpalast die noch in Ihrem Glauben an das Gerechtigkeitsempfinden von Väterchen Zar befangene Arbeiterschaft aufgeweckt hätten, brach überall im Land der Generalstreik aus. Die revolutionäre Erhebung griff auch auf Russisch-Polen über.

tausend an; ein Jahr zuvor waren es noch knapp tausend gewesen!

In dieser Situation stand für Leo augenblicklich fest, was er zu tun hatte: Sein Platz war jetzt an der Spitze der Erhebung! Schon Anfang Februar 1905 brach er nach Polen auf. Auch die anderen Führer der polnischen und der russischen Sozialdemokratie eilten aus den verschiedenen Exilländern in die Heimat zurück. Nur Plechanow blieb in der sicheren Schweiz.

Rosas Wohnung in der Cranachstraße wurde zur Durchgangsstation. Viele Genossen, bekannte wie namenlose, stiegen bei ihr ab, ehe sie in den revolutionären Untergrund Rußlands und Polens abtauchten. Aus der Gegenrichtung kamen Emissäre mit Nachrichten und Material, das weiterbefördert werden sollte. Flüchtlinge mußten versorgt und untergebracht werden.

Leo schlug sein Hauptquartier zunächst in Krakau auf – im österreichischen Teil Polens. Von hier aus leitete er mit fester Hand die Aktivitäten der Partei. Vor allem sorgte er dafür, daß genügend Zeitungen, Broschüren und Flugschriften in den russischen Landesteil gelangten. Er war Redakteur mehrerer illegal oder halblegal erscheinender Zeitungen, er beauftragte und kontrollierte die Autoren, er organisierte den Druck, den Vertrieb über die Grenze, die Finanzierung. Er war praktisch der Kopf der Partei – ohne daß er diese Funktion offiziell übernommen hätte.

Rosa in Berlin hatte dafür zu sorgen, daß genug Geld nachfloß – aus Spenden, aus Sammlungen und aus Zuwendungen der Internationale zum Beispiel. Außerdem kam ihr die Aufgabe zu, in der SPD-Presse über die Revolution in Polen zu schreiben und die Sympathien dafür im Bewußtsein der deutschen Arbeiter wach zu halten. In dieser Zeit schrieb sie viele Artikel für die polnischen Blätter. Leo bestellte, und sie lieferte postwendend. Aber sie mußte feststellen, daß ihr diese Arbeit immer schwerer fiel – und schuld daran war Leo.

Er forderte zwar ihren pausenlosen publizistischen Einsatz, aber er versäumte es, ihr die dafür nötigen Informationen aus Polen zukommen zu lassen. «Heute habe ich lebhaft die ganze Abnormität empfunden, wie ich in der polnischen Sache arbeite. Ich erhalte eine Bestellung: Schreib einen Leitartikel über die Autonomie! Gut. Aber, zum Teufel, dazu muß man doch polnische und russische Zeitschriften lesen, au courant sein, was in der Gesellschaft geschieht, und Fühlung mit den Parteiangelegenheiten haben!» Immer öfter beschwerte sich Rosa in ihren Briefen bei ihm, daß sie so nicht arbeiten könne: «Wie kann man mich so ohne jede Nachricht lassen, das ist direkt gewissenlos!» Sie flehte Leo an, wenn er keine Zeit habe, doch jemanden zu beauftragen, der ihr das nötige Material schicken könne; und sie bat darum, ihr doch wenigstens mitzuteilen, wer von ihren Genossen verhaftet worden wäre. «Ich wiederhole Dir nochmals, daß Du unnötigerweise Zeit und Nerven vergeudest für das Verbessern meines Stils und meiner Sprache. Meist ist er vor dem Verbessern weit besser als danach.»

Leo machte sich rar. Natürlich wußte Rosa, daß er in Krakau mehr als genug zu tun hatte und kaum zum Schlafen kam. Regelmäßig mußte er in strengster Illegalität nach Warschau fahren, er reiste auch zu Besprechungen und Konferenzen nach Riga und in andere Städte. Aber das, was jetzt in Polen passierte, war doch nicht nur Leos Angelegenheit, sondern auch die Krönung von Rosas Lebensarbeit! Daß er sie bewußt davon abschneiden wollte, konnte sie sich nicht vorstellen. «Gestern und heute war wieder kein Brief von Dir da. Langsam verstehe ich nicht mehr, was das heißt.» Erneut begann Rosa über ihre Beziehung nachzugrübeln. Wider Willen hatte sie Zeit dafür, denn sie erkrankte schwer. Eine Rippenfellentzündung nahm sie der vielen Arbeit wegen anfangs nicht ernst genug, so daß sie schließlich Wochen um Wochen bis in den Sommer hinein immer wieder zum Liegen kam. Sie wurde nervös wegen dieser Krankheit und arbeitete trotz Fieber, Schwäche und Schmerzen ständig unter Hochdruck, denn sie wußte, daß sie auf ihrem Posten in Berlin genauso wichtig war wie Leo auf seinem in Krakau.

In dieser Zeit wurde ihr wohl endlich klar, daß ihr Traum von der gleichberechtigten Partnerschaft zweier Liebender eine Illusion geblieben war. Rosa war jetzt fünfunddreißig Jahre alt, Leo achtunddreißig. Schon lange waren sie nicht mehr das jungverliebte Paar voller hochfliegender Pläne. Die Trennung im Februar war – anders als die Trennung vor sieben Jahren in Zürich – rasch und ohne Debatten erfolgt. Natürlich mußte Leo gehen. Es gab keine andere Möglichkeit. Aber Rosa wäre gern mitgegangen, mitten hinein in den revolutionären Sturm. Einmal im Leben an einer wirklichen Revolution teilnehmen! Sie saß in ihrer Wohnung in Berlin mit ihrem Dienstmädchen und ihrer Katze, und unablässig zog der Strom von Emigranten und Emissären durch ihren Alltag.

Sie erkannte, daß Leo zufrieden war mit dem, was er hatte: seiner beherrschenden Funktion und seiner Autonomie in Krakau. Und mit ihr, die ihm aus der Ferne lieferte, was er verlangte. Zärtlichkeit und Nähe brauchte er nicht, auch kein Heim und keine Familie. Hatte sie das nicht längst gewußt? Und es vergessen in der kurzen Zeit, die sie gemeinsam in derselben Wohnung verbracht hatten ...

Wieder schrieb Rosa beschwörende Briefe an Leo, mit bitterem Unterton. Sie wußte, daß jetzt dafür der falsche Zeitpunkt war. Und sie wußte auch, daß sie sich bescheiden mußte mit dem, was sie hatte – mit dem Genossen, der sich auf sie verließ wie auf niemanden sonst. Aber Rosa wollte mehr, und sie fühlte sich nicht mehr jung genug, um zu warten. Sie war eine leidenschaftliche Frau, sie brauchte Liebe, körperliche Nähe, emotionale Zuwendung. Sie begann eine Liaison mit einem jungen Polen, sie nannte ihn konspirativ «W.». Dieser W. wurde der erste in einer Reihe von Liebhabern, alle viel jünger als Rosa – er war gerade fünfundzwanzig.

124

Seine Identität ist bisher nicht sicher erwiesen. Höchstwahrscheinlich verbirgt sich hinter dem Buchstaben W. einer von Leos engsten Vertrauten, Wladyslaw Feinstein; er gehörte der SDKPiL seit 1903 an und führte den Decknamen Witold. Später verfaßte er unter dem Pseudonym Zdzislaw Leder die bisher einzige Biographie über seinen Lehrer und Meister Leo Jogiches.

Im Sommer fuhr Rosa überraschend nach Krakau. Sie schickte Leo ein Telegramm und setzte sich in den Zug. Heimlichkeit war nicht ihre Sache, sie mußte mit ihm reden – nicht nur über Parteiangelegenheiten. Sie beichtete ihm ihr Verhältnis. Vielleicht hoffte sie, Leo würde sich auf diese Eröffnung hin besinnen und ihr endlich das geben, was sie brauchte. Aber Leo reagierte völlig fassungslos und brach beinahe zusammen. Er war außerstande zu verstehen, warum sie ihm untreu geworden war. Er hatte sich so sicher geglaubt. Gehörten sie nicht zusammen – auf einer Basis, die viel fester war als ein Eheversprechen?

Das Maß seiner Erschütterung bewog Rosa, das Verhältnis mit W. zu beenden. Sie erkannte wohl erstmals, daß Leos Verhalten ihr gegenüber nichts mit mangelnder Zuneigung zu tun hatte, sondern daß er einfach eine andere Vorstellung von Zusammengehörigkeit hatte als sie. Er brauchte sie doch! Im September kam er sogar kurz nach Berlin, um sich zu vergewissern, daß sie nach wie vor die Seine war, daß sie ausschließlich ihm gehörte.

Rosa schrieb ihm: «Teurer mein, Lieber, wozu diese Qualen, wozu? jetzt müssen wir nur noch tapfer an die Arbeit, an das Werk denken. Ruhe brauchen Du und ich und wir alle. Ich bin bei den Entscheidungen ohne jede Schwankung, wie ich Dir heute telegrafierte, also sei doch ruhig und denke nur noch an die Zukunft. Ich habe in dieser letzten Zeit und noch gestern furchtbare Qualen durchgemacht, aber ich fühle gleichzeitig auch schon irgendeinen Keim der Ruhe und Stille in mir … Damals auf dem Bahnsteig leuchtete Dein

Fensterchen ungeheuer lange, direkt bis zur Kurve. Ich stand absichtlich an der Laterne im Licht, damit Du mich siehst. So wollte ich in den letzten Augenblicken besser, fröhlicher sein und konnte nicht, und Du sahst so schrecklich aus.» Mehrere leidenschaftliche Telegramme wurden gewechselt – und bald war alles beim alten; Rosa mußte Leo auffordern, «nicht so kindisch zu sein und mich nicht gewaltsam von der polnischen Arbeit abzuschirmen in der Art, daß Du mich über nichts mehr informieren willst. Mein Gold – wende mir gegenüber niemals mehr Pferdekuren an, gut?»

Im Oktober reiste Leo unter dem Decknamen Otto Engelmann nach Warschau. Eine neue Streikwelle hatte das Land erfaßt, und es war nötig, daß er jetzt direkt vor Ort die Arbeit leitete. In dieser Zeit wurde Rosa vom SPD-Vorstand aufgefordert, in die *Vorwärts*-Redaktion einzutreten und damit die politische Leitung des wichtigsten sozialdemokratischen Blattes zu übernehmen. Die rechtskonservative deutsche Presse nahm diese Berufung zum Anlaß für eine neue Hetzkampagne: «Die galizische Jüdin Rosa Luxemburg ist jetzt die Tonangeberin im ‹Vorwärts›, dem sozialdemokratischen Zentralorgan. Unter dem Einfluß dieser jüdischen Ausländerin ist der ‹Vorwärts› in die extremsten revolutionären Bahnen eingelenkt. Täglich wird von ihm Aufruhr gepredigt. Außerdem reist die Luxemburg in Deutschland umher und hält aufrührerische Reden … In der staatserhaltenden Bevölkerung versteht man die Duldung solcher Aufruhrreden nicht. Man fürchtet ernste Gefahren. Gewährt das Gesetz keine Handhaben gegen dieses Treiben in Versammlungen und Zeitungen, so sollte man sie schaffen. Aber vor allem die Frage: Weshalb läßt man die Aufruhr predigende galizische Jüdin im Lande? Man spediere diese Person doch dahin, woher sie gekommen ist, nach dem ‹in Freiheit› schwelgenden Rußland!»

Mit ihrer neuen Aufgabe in der Redaktion hätte Rosa eigentlich genug Arbeit für jeden Tag der Woche gehabt – aber ihr gesamtes polnisches Pensum blieb ja außerdem bestehen. Angesichts der aufregenden Nachrichten aus Warschau und der ermattenden Tretmühle im *Vorwärts* wurde allmählich der Wunsch übermächtig, zu Leo nach Warschau zu fahren und dort ganz konkret an der Revolution mitzuwirken, statt nur über sie zu berichten.

Als sie diesen Entschluß äußerte, erntete sie nur entsetzte und abwehrende Reaktionen. Die Führungsgruppe um Leo in Warschau warnte sie dringend, sich und die Genossen nicht in Gefahr zu bringen; sie war schließlich in ganz Europa bekannt, und ihr markantes Gesicht wie auch ihr Hinken ließen ein konspiratives Wirken in Warschau nicht gerade als erfolgversprechend erscheinen. In Berlin war es vor allem Bebel, der ihren Wunsch als Grille abtat. In Warschau waren so viele erfahrene Genossen – Grosovski, Marchlewski, Dzierzynski, Hanecki, Warski … Glaubte sie wirklich, sie würde dort dringender gebraucht als hier, in Deutschland, in der Redaktion, wo sie unersetzlich war?

Warum wollte Rosa unbedingt nach Warschau? Vor sieben Jahren war sie nach Berlin gezogen, weil dort der Brennpunkt der internationalen Arbeiterbewegung lag und weil sie sich die Aufgabe gestellt hatte, an vorderster Front zu wirken. Nun, da sie sich hochgearbeitet hatte, mußte sie feststellen, daß die Verhältnisse sich geändert hatten – das Zentrum hatte sich nach Osten verschoben. Rosa war nicht mehr im Mittelpunkt des Geschehens. Trotzdem harrte sie, als die polnischen Genossen heimkehrten, noch fast ein Jahr auf ihrem Posten in Berlin aus.

Ende Dezember ließ Rosa alle Skrupel fahren und stieg am Berliner Bahnhof Friedrichstraße in einen Zug, der sie zunächst nach Ostpreußen bringen sollte. Wie sie von dort nach Warschau kommen wollte, war ihr selbst völlig unklar. Wegen des Eisenbahnerstreiks waren alle regulären Bahnverbindungen lahmgelegt. Nach tagelangen, strapaziösen Umwegen fand sich schließlich in Illowo eine Fahrgelegenheit. «Der ganze Zug soll von Militär besetzt sein, und dazwischen – wahrscheinlich noch als einziger Fahrgast – ich ... Der Witz der Geschichte kann aber leicht ernst werden, falls es unterwegs zum Recontre mit streikenden Eisenbahnbeamten kommt. Hoffentlich werde ich nicht in Warschau mit Brownings empfangen!» Rosa reiste mit dem Paß der Berliner Sozialdemokratin Anna Matschke. Bei der Grenzkontrolle hatte niemand sie erkannt. Am 30. Dezember meldete sie Kautskys ihre Ankunft in Warschau: «Gestern 9 Uhr abends bin ich glücklich angekommen in einem von Militär geführten, ungeheizten und unbeleuchteten Zug. Die Stadt ist wie ausgestorben, Generalstreik, Soldaten auf Schritt und Tritt. Die Arbeit geht gut, heute beginne ich.»

Als Anna Matschke, Journalistin aus Berlin, bezog Rosa ein Zimmer in einer respektablen, von einer verarmten Gräfin geführten Pension in der Jasnastraße. Drei Tage später mietete sich der deutsche Journalist Otto Engelmann, der bisher im Hotel Victoria logiert hatte, ebenfalls in der Jasnastraße ein. Rosa und Leo sahen sich endlich wieder und wohnten Wand an Wand. Das war der erste aus einer ganzen Reihe von Verstößen gegen die Grundregeln der Konspiration. Normalerweise wohnten Illegale niemals in derselben Wohnung oder Pension, und sie trafen sich auch nie in ihren Quartieren, sondern immer an dritten Orten. Aber hier warf Leo seine Bedenken über Bord – offenbar war ihm Rosas ständige Nähe wichtiger als ihrer beider Sicherheit.

Die Vormittage verbrachte das Paar in der Pension. Rosa schrieb viele Artikel und Aufsätze, hauptsächlich für die Zeitung *Czerwony Sztandar* (Rotes Banner), deren Redaktion Leo leitete. Sie verfaßte auch das neue Programm der SDKPiL. Mittags gingen sie zusammen in die Stadt, um sich mit Genossen der Parteiführung zu treffen, in der Druckerei nach dem Rechten zu sehen, im illegalen Redaktionsbüro mit Mitarbeitern zu beraten. Alle für die Arbeit wichtigen Adres-

Rok IV. Warszawa, 27 lutego 1906 r. Nr. 50.

Cena 2 kop.

CZERWONY SZTANDAR

A kolor jego jest czerwony, Bo na nim robotników krew...

ORGAN SOCJALDEMOKRACJI KRÓLESTWA POLSKIEGO I LITWY.

Ignacy Kornacki
robotnik z fabryki „Wulkan“
członek Socjaldemokracji Król. P. i Litwy.
Zabity przez narodowych demokratów na wiecu wyborczym na Pradze, w lokalu Szkół miejskich, w d. 25 lutego 1906 r.
(Szczegóły podajemy w osobnej odezwie).

Program „narodowego“ szalbierstwa.

Panowie narodowcy szykują się do wyborów kozackich nie na żarty: szacherka i podział mandatów do Dumy między narodowcami a ugodowcami już ubite pod nazwą „solidarności narodowej“; zgodzono się już na utworzenie „Koła“ polskich wyzyskiwaczy w Dumie Carskiej, a teraz Narodowa Demokracja ogłasza w formie odezwy wyborczej i szczegółowy program polityki, jaką ma owo „Koło“ hańby polskiej w Dumie carskiej prowadzić.

Jeżeli kto z robotników nie poznał się już dotychczas na właściwym charakterze Narodowej Demokracji, temu otworzy chyba oczy jej program, obecnie ogłoszony.

Narodowa Demokracja jest partją „narodową“ i dlatego żąda dla Polski autonomji — ale jednocześnie nie domaga się ona republiki, a więc faktycznie chce utrzymania tronu carskiego w Rosji nawet przy wolności politycznej; program jej żąda bowiem „zaprzysiężenia Konstytucji przez Monarchę“, zatym jako partja „narodowa“ staje ona w obronie cara rosyjskiego i przeciw rosyjskiemu i polskiemu ludowi roboczemu, domagającemu się republiki w całym państwie, która jedynie może prawdziwie zabezpieczyć Polsce autonomję.

Narodowa Demokracja jest partją „demokratyczną“ i dlatego ma w programie obiecanki dla robotników, dla ludu wiejskiego i drobnych rzemieślników.

Chłopom bezrolnym i małorolnym narodowcy obiecują stworzenie małych osad włościańskich przez parcelację i kolonizację. Ale znany to we wszystkich krajach sposób ratowania — bankrutującej szlachty.

Podupadająca szlachta ziemska chce się pozbyć kiepskiej ziemi lub zmarnowanego gospodarstwa... szlachcic dostaje kapitał w rękę, a chłopi klepią biedę na nowych małych osadach, aż ich znowu nie wyruguje z ziemi konkurencja wielkich własności ziemskich, podatki, nieurodzaje, ciężar służby wojskowej i aż nie pójdą znów z torbami.

Na oszustwo parcelacji już się w innych krajach dziś dają brać tylko bardzo ciemne warstwy ludu wiejskiego.

Drobnych rzemieślników i kupców narodowcy obiecują ratować zapomocą kredytu, to jest banków, wykształcenia zawodowego i zakładania spółek spółdzielczych, ale każdy rzemieślnik i drobny kupiec wie, że go dziś rujnuje konkurencja wielkiego kapitału, wielkich fabryk, a przeciw tej konkurencji pożyczki z banku albo fachowe wykształcenie tyle mu pomogą, co umarłemu kadzidło. Takie środki dla ratowania rzemiosł i drobnego handlu wykazały się, jako szalbierstwo zagranicą już oddawna.

Robotnikom wreszcie Narodowcy obiecują raj na ziemię sprowadzić zapomocą związków zawodowych, krajowych biur pośrednictwa pracy, „odpowiednich ustaw“ ochrony pracy, powszechnego ubezpieczenia, wykształcenia zawodowego oraz szerokiego udziału robotników w życiu stowarzyszeń kulturalnych wszelkiego rodzaju“. Pełne to kieszenie obietnic. Ale związki zawodowe w duchu Narodowej Demokracji, to nie narzędzia walki o wyzwolenie robotników, tylko narzędzia pogodzenia robotników z wyzyskiem i niewolą, jak ów związek kolejowy, który z rewolwerem w ręku usiłował stłumić strejk powszechny wespół ze zbirami carskiemi.

Urzędowe biura pośrednictwa pracy to po większej części, jak się wykazało w innych krajach, instytucje dla dostarczania łamistrejków kapitalistom i dla tłumienia walki robotniczej; wszędzie zagranicą świadomi robotnicy zwalczają z całej siły te urzędowe biura i urządzają własne lub żądają gminnych pod kontrolą związków zawodowych. „Odpowiednie ustawy“ dla ochrony pracy, — ale co to mogą być za ustawy, o tym program „narodowy“ ostrożnie milczy: carski rząd uważa swoje dotychczasowe prawodawstwo kozackie również za „odpowiednie“. Wreszcie udział w „stowarzyszeniach kulturalnych“, to jest oczywiście obietnica, że robotnicy mogą być uszczęśliwieni tym, iż narodowi demokraci będą brali po paru robotników na członków do takich związków „narodowych“, jak „sokoły“ polskie, związki śpiewackie, łyżwiarskie itd.

Taką to zbieraniną nędznych oszustw, które we wszystkich krajach z wolnością polityczną i otwartą walką partyjną zostały już przed kilkudziesięciu laty wyśmiane i wzgardzone przez robotnika, chłopa małorolnego i drobnego rzemieślnika!

Lecz niedość na tym. Program narodowców daleko jest wymowniejszy w tym, co przemilcza, niż w tym, co mówi. Program Narodowej Demokracji, jako partji „Demokratycznej“, udającej opiekunkę robotników, chłopów i drobnych rzemieślników, *nie zawiera ani słowa o tym, aby usuniętym został* **militaryzm**, *który jest największą ruiną dla chłopa, rzemieślnika, jak i dla robotnika,*

ani słowa, aby zniesione zostały **cła i podatki pośrednie**, *obciążające najpierwsze potrzeby życia dla całego ludu miejskiego i wiejskiego i wysysające zeń wszystkie soki żywotne,*

ani słowa o **8 godzinnym dniu roboczym**, *który jest dla klasy robotniczej kamieniem węgielnym odrodzenia cielesnego i duchowego.*

I nic w tym dziwnego. Jakże Narodowa Demokracja może żądać zniesienia dzisiejszego systemu militarnego, kiedy panowie fabrykanci, należący do Narodowej Demokracji, potrzebują żołdaków do uśmierzania „zbuntowanych“ robotników, a panowie obywatele ziemscy z Narodowej Demokracji drżą, żeby bez opieki żołdaków mógłby im się od „chłopstwa“ dostać taki chrzest krwawy, jak panom baronom na Inflantach?

Jak Narodowa Demokracja może żądać zniesienia ceł i podatków pośrednich, obciążających lud pracujący, kiedy w takim razie ciężar podatkowy nadwerężyłby wtedy kieszenie miłych jej sercu kapitalistów i właścicieli ziemskich?

Jak wreszcie partja ta może żądać dla robotników 8 godzinnego dnia roboczego, kiedy to mogłoby nadwerężyć „przemysł krajowy“, to jest na razie uszczuplić trochę zyski panów fabrykantów?

Przeciwnie! Narodowa Demokracja nietylko jest partją, dążącą do utrzymania i uwiecznienia wyzysku kapitalistycznego, nietylko nie pragnie ona krzywdy wyrządzić najmniejszej polskim wyzyskiwaczom, lecz ma w programie swym specjalne dla nich punkty. I gdy robotników, chłopów, drobnych rzemieślników zbywa gruszkami na wierzbie lub niewyraźną gadaniną dla klasy wyzyskiwaczy ma ona bardzo wyraźne i bardzo doraźne środki pomocy. Szlachcie ziemskiej obiecuje walczyć o zmniejszenie podatków gruntowych — zapewne ze zwaleniem ich na chłopów — tudzież o usunięcie różniczkowych taryf kolejowych na zboże, które ułatwiają napływ zboża rosyjskiego do kraju i obniżają przez to ceny na zboże. Narodowa Demokracja obiecuje zatym dla zbogacenia szlachty **starać się o podrożenie zboża, a podrożenie chleba w kraju!** [illegible]

Das Rote Banner – diese illegale Zeitung gaben Rosa und Leo in Warschau heraus: «Die Polizei ist schier außer sich. Sie sagt sich mit Recht, daß ein solches Blatt nicht in den Geheimdruckereien alten Schlages hergestellt werden kann; sie sucht seit zehn Tagen die Redaktion und Druckerei, ohne eine Spur zu finden.»

sen lagen in der Nähe der Pension und konnten zu Fuß erreicht werden. Im gleichen Stadtviertel wohnten die drei Geschwister von Rosa, die noch in Warschau lebten. Rosa traf die beiden Brüder und die Schwester einmal pro Woche. Weitere private Ausgänge wurden Rosa vom Parteivorstand verboten. Zu groß war die Gefahr, daß sie erkannt werden könnte.

«Liebste, hier ist es sehr schön», schrieb Rosa Anfang Januar sarkastisch nach Berlin. «Jeden Tag werden zwei bis drei Personen in der Stadt von Soldaten erstochen, Verhaftungen kommen täglich vor, sonst ist es aber sehr lustig. Trotz Kriegszustand geben wir unseren ‹Sztandar› täglich heraus, und er wird auf den Straßen verkauft. Jetzt muß man den Druck des ‹Sztandar› täglich mit Revolvern in der Hand in den bürgerlichen Druckereien erzwingen. Auch die Meetings werden sofort beginnen, wie der Kriegszustand vorbei ist, dann sollt Ihr von mir hören. Grimmige Kälte herrscht hier, und man fährt nur Schlitten.»

Von Berliner Agenten der russischen Geheimpolizei wurde nach Warschau gemeldet, daß die steckbrieflich gesuchte Rosa Luxemburg offensichtlich nicht mehr in der deutschen Hauptstadt weilte – es fiel auf, daß sie in der SPD-Presse plötzlich verstummt war. Kurz darauf veröffentlichte die rechtskonservative deutsche *Post* denunziatorische Artikel, die ebenfalls auf Rosas Abreise nach Polen hinwiesen. Und bei den Warschauer Behörden registrierte man alsbald die journalistische Handschrift der gesuchten Rosa Luxemburg in den beschlagnahmten Exemplaren des *Sztandar*. Daß diese Artikel nicht in Berlin geschrieben worden waren, sondern am Ort des revolutionären Geschehens, wurde aus der Geschwindigkeit sichtbar, mit der die Verfasserin auf die Ereignisse reagierte.

«Das *Rote Banner* erscheint täglich», schrieb Julian Marchlewski aus Warschau für die Leipziger Volkszeitung. «Die Polizei ist schier außer sich. Sie sagt sich mit Recht, daß ein solches Blatt nicht in den Geheimdruckereien alten Schlages hergestellt werden kann; sie sucht seit zehn Tagen die Redaktion und Druckerei, ohne eine Spur zu finden. Auf allen Straßen ist Militär, jeder verdächtige Passant wird revidiert; jeder, der ein Paket trägt, erst recht; man kann doch nicht Tausende von Exemplaren einer Zeitung durch die Luft fliegen lassen; wo kommt die Zeitung her? Darüber zerbrechen sich die besten Spürhunde des Zaren den Schädel, aber sobald der Abend kommt, lesen Tausende von Arbeitern das Blatt, und die Zeitungsjungen schreien triumphierend: *Das Rote Banner*! Zehn Kopeken!»

Allem Optimismus zum Trotz mußte die Warschauer Parteiführung aber zur Kenntnis nehmen, daß zu diesem Zeitpunkt der Zenit der Revolution bereits überschritten war. Der Belagerungszustand lähmte das öffentliche Leben. Die Militärgouverneure herrschten beinahe uneingeschränkt. In Gegenden, wo es Streiks oder Erhebungen gab, ordneten sie Strafexpeditionen an, denen auch viele Unbeteiligte zum Opfer fielen. Massenverhaftungen und Erschießungen verbreiteten Angst unter der Bevölkerung. Todesstrafen ohne Gerichtsverfahren waren keine Besonderheit. «Der Generalstreik ist so ziemlich mißlungen», schrieb Rosa. «Von einer Leitung aus Petersburg ist keine Rede, die Leute lokalisieren ihre Gesichtspunkte in lächerlichster Weise.» Sie beklagte «ein unbeschreibliches Chaos in der Organisation, Fraktionskrach trotz aller Einigung und allgemeine Depression» in der russischen Sozialdemokratie, mit der sich die SDKPiL im April 1906 organisatorisch zusammenschließen wollte. Sie plante, zum Vereinigungsparteitag nach Stockholm zu fahren; aber nicht von Warschau aus – so lange konnte sie nicht mehr hierbleiben. Sie mußte aus Polen verschwinden, ihr Aufenthalt wurde zu gefährlich – nicht nur für sie selbst, sondern auch für die Genossen, die sie regelmäßig traf. Sie bereitete ihre Rückreise nach Deutschland für Anfang März vor.

Sonne, Sturm und Freiheit

Am Sonntag, dem 4. März 1906, erschien morgens in aller Frühe ein Polizeiaufgebot in der stillen Jasnastraße. Die Pension der Gräfin Walewska wurde durchsucht. Man fand Otto Engelmann zusammen mit Anna Matschke in deren Zimmer. Die Haussuchung dauerte den ganzen Tag. Papiere, Druckschriften und Bücher wurden beschlagnahmt. Am frühen Abend transportierte eine bewaffnete Eskorte die beiden Journalisten in dem typischen vergitterten Pferdewagen, der *Kibitka*, zum Gefängnis im Warschauer Rathaus. «Man fand mich in ziemlich unbequemer Lage, aber Schwamm darüber», berichtete Rosa in einem herausgeschmuggelten Brief. «Hier sitze ich im Rathaus, wo Politische, Gemeine und Geisteskranke zusammengepfercht sind ...»

Zofia Dzierzynska, die auch im Rathaus inhaftiert war, beschrieb die Zustände in diesem Gefängnis: «Die Zelle war unbeschreiblich schmutzig. Jahrelang hatte sie niemand saubergemacht. Die zerkratzten und schadhaften Wände waren bis zur Hälfte schwarz angestrichen. Die Decke und der obere Teil der Wände, einstmals weiß, waren vom Schmutz dunkelgrau. Die vergitterten, von außen fast ganz mit Blechen verdeckten Fenster ließen kaum noch Licht eindringen. Wenige Schritte vom Fenster entfernt konnte man fast nichts mehr sehen. An den endlos langen Abenden beleuchtete eine kleine, im Korridor über der Tür aufgestellte Petroleumfunzel die Zelle. Ihr Licht sickerte durch ein schmutziges Fensterchen von der Größe eines Heftes. Von überall hingen rußgeschwärzte Spinnengewebe herab. Der Holzfußboden starrte vor Schmutz. Auf den Pritschen lagen in zwei Reihen schmutzige, mit verfaultem Stroh gefüllte Säcke. Die Pritschen reichten nur für dreißig Personen. Auf den Rücken

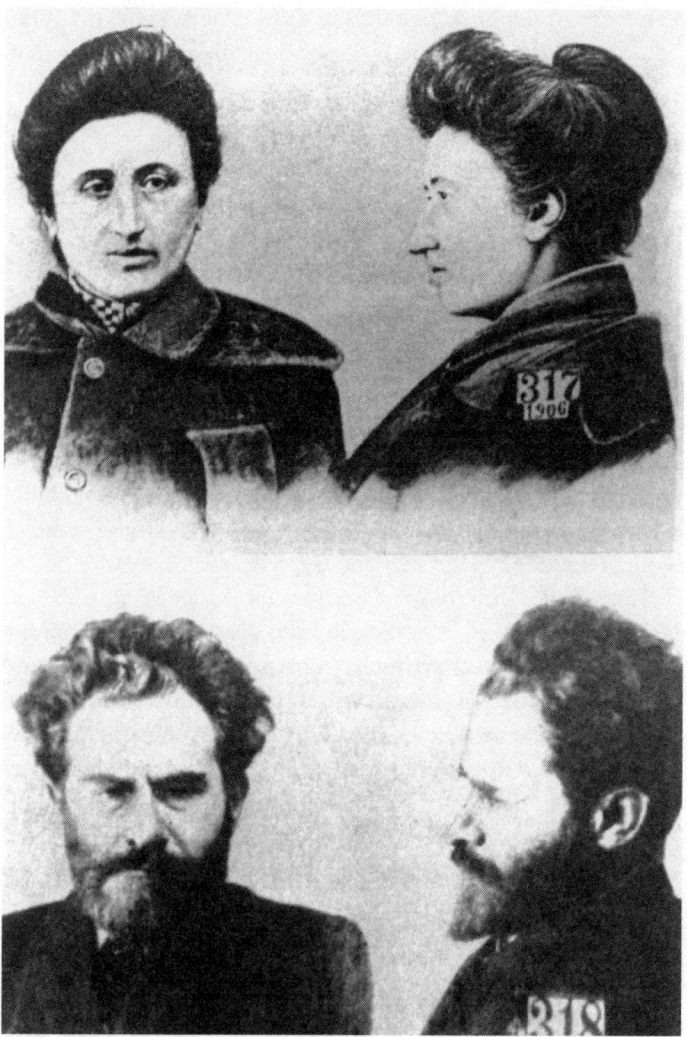

Rosa und Leo nach ihrer Verhaftung 1906: Die Polizei konnte die Identität der beiden Verhafteten zunächst nicht beweisen. Sie bestritten, irgend etwas mit der Revolution zu tun zu haben. Aber dieses Leugnen konnte bestenfalls eine Verzögerung bewirken. Ihnen drohte die Verurteilung zu Festungshaft oder Zwangsarbeit in Sibirien, vielleicht sogar die Todesstrafe.

konnte man sich nicht legen, nur auf die Seite; eine dicht neben der anderen, wie die Heringe im Faß. Drehte man sich, weckte man unweigerlich die Nachbarin. Und dabei wimmelte es in der Zelle von Wanzen und anderem Ungeziefer. Die Zelle füllte sich täglich immer mehr. Die Neuen mußten ihren Strohsack auf den schmutzigen Fußboden legen, wo Mäuse und Ratten umherliefen. Man wußte nicht, wo man seine Sachen lassen sollte. Die Schuhe versteckten wir über Nacht unter dem Strohsack, damit sie nicht gestohlen wurden. Einen Gefängnishof für den täglichen Spaziergang gab es nicht. Man absolvierte ihn auf dem Korridor, wo die Luft genauso verpestet war wie in den Zellen. In keinem anderen Gefängnis fand ich später derartig schlechte Bedingungen. Aber der schrecklichste Ort war die Toilette. Man konnte sie einfach nicht benutzen. Der Fußboden war mit Abfällen bedeckt. Wir aßen einige Tage lang nichts, um diese Kloake so wenig wie möglich aufsuchen zu müssen.»

Natürlich wußte die Polizei, wer ihr in der Jasnastraße ins Netz gegangen war, aber man konnte die Identität der beiden Verhafteten zunächst nicht beweisen. Engelmann und Matschke bestritten, irgend etwas mit der Revolution zu tun zu haben. Die beschlagnahmten Papiere, behaupteten sie, hätten sie für ihre Berichterstattung im Auftrag deutscher Zeitungen benötigt. Aber dieses Leugnen konnte bestenfalls eine Verzögerung bewirken. Das war den beiden Verhafteten ebenso klar wie ihren engsten Mitstreitern. Rosa und Leo drohte die Verurteilung zu Festungshaft oder Zwangsarbeit in Sibirien, vielleicht sogar die Todesstrafe. Fieberhaft grübelten die Mitglieder der SDKPiL-Führung über Fluchtmöglichkeiten nach. Schließlich beauftragten sie Jakub Fürstenberg-Hanecki, einen von Leos engsten Mitarbeitern, einen Plan auszuarbeiten. «Da wir eine langjährige Kerkerhaft befürchten mußten», schrieb Hanecki, «beschlossen wir, ihre Flucht zu organisieren. Am Tage nach ihrer Einlieferung in das Rathausgefängnis hatte ich mit Genossin Rosa in der Nacht eine illegale Zusammenkunft.» Dieses Treffen war möglich, weil viele Polizeibeamte bestechlich waren. Ein Polizist bot sogar seine Hilfe bei der Flucht von Rosa und Leo an – natürlich nicht kostenlos! Aber einen Tag vor dem festgesetzten Fluchttermin wurden die beiden Gefangenen überraschend in eine andere Haftanstalt gebracht – in das Untersuchungsgefängnis Pawiak. Von dort war die Flucht nicht mehr so einfach zu bewerkstelligen wie aus dem Rathaus. Trotzdem stellte Hanecki den Kontakt schnell wieder her – mit Hilfe eines leitenden Beamten, der mit der revolutionären Bewegung sympathisierte. Hanecki erreichte, daß er sich fast jeden Tag mit Rosa im Büro dieses Beamten treffen durfte. «Während unserer Begegnungen sprachen wir ausführlich über Parteiangelegenheiten, ich überbrachte der Genossin Rosa Bücher, Parteiliteratur und erhielt von ihr Artikel.» Bei diesen Gelegenheiten wurden auch Briefe ausgetauscht.

Der Fluchtplan, an dem Leo selbst mitgewirkt hatte, sah so aus: Ein Genosse sollte als angeblicher Beauftragter der Ochrana mit gefälschten Vollmachten die beiden Gefangenen aus ihren Zellen zum Verhör abholen. Mit Hilfe eines bestochenen Beamten hätten Leo und Rosa dann das Tor passieren können. Doch wieder kam etwas dazwischen. Drei Tage vor der geplanten Flucht wurden Rosa und Leo in den X. Pavillon der Warschauer Festung verlegt. Dieser Pavillon war ausschließlich für politische Gefangene vorgesehen und von der Außenwelt völlig isoliert. Nun standen Rosa und Leo nicht mehr nur ideell, sondern auch räumlich in der Nachfolge vieler bekannter und zahlloser unbekannter Rebellen und Revolutionäre vorangegangener Generationen, die hinter den Mauern des X. Pavillons auf ihre Verurteilung oder ihre Hinrichtung gewartet hatten. Jede Hoffnung auf Flucht mußte jetzt illusorisch bleiben. Aus der Festung war noch nie jemand entkommen. Aber der Plan, der Rosa und Leo die Freiheit hatte bringen sollen, war dennoch nicht umsonst gewesen: zehn zum Tode verurteilte Gefangene entkamen nach dem von Leo und Hanecki ersonnenen Fluchtschema im April aus dem Pawiak.

Inzwischen war Rosas Identität bewiesen. Wider Willen hatte dabei ihre eigene Schwester mitgeholfen. Wenige Tage nach Rosas Verhaftung waren Gendarmen in der Wohnung der noch unverheirateten achtundvierzigjährigen Anna erschienen. Während der nächtlichen Haussuchung hatten sie auch Fotos von Rosa beschlagnahmt. Danach wurde Anna vorgeladen und ihrer Schwester gegenübergestellt. Anna bestätigte sofort, daß es sich bei der vorgeführten Person um ihre Schwester Rosa Luxemburg handelte.

Rosas Brüder, der Arzt Jozef und der Kaufmann Maximilian, reagierten besonnener. Vor allem vermieden sie in ihren Vernehmungen jeden Hinweis darauf, daß Otto Engelmann ihnen unter ganz anderem Namen bekannt sein könnte. Dabei wußten sie genau, um wen es sich handelte. Sie kannten Leo von Besuchen in Berlin, in der Cranachstraße, sie wußten, daß er Rosas Mann war, und die Kinder der Brüder nannten ihn Onkel Leo. Während seiner illegalen Aufenthalte in Warschau hatte Leo Rosas Geschwister mehrmals besucht – sicher nicht aus verwandtschaftlichen Gefühlen heraus: Maximilian diente als Zwischenstation für die Geldüberweisungen von Leos Bruder Pawel aus Wilna. Als Leo noch in Berlin wohnte, war das Geld aus Wilna nach Warschau zu Maximilian und von ihm an Rosa überwiesen worden; sie hatte es dann Leo gegeben. Als die Revolution ausbrach, war dieser ohnehin komplizierte Zahlungsweg unterbrochen, und Leo mußte Maximilian aufsuchen. Von Rosas Brüdern erfuhr die Polizei darüber kein Wort. Auch Pawel Jogiches in Wilna verhielt sich geschickt. Er bestritt, daß es sich bei den vorgelegten Fotos um seinen Bruder handeln könnte, und er weigerte sich, zur Gegenüberstellung nach Warschau zu reisen. «Mein Bruder ist ein anständiger Mann», schrieb er an den Chef der Warschauer Gendarmerie, «und mit der Person, die sich für meinen Bruder ausgibt, will ich nichts zu tun haben. Natürlich erkenne ich auf dem Foto nicht meinen Bruder, und daß ich gesagt habe, ich fordere eine Gegenüberstellung, das war nur deshalb, um den Mann, der sich als mein Bruder ausgibt, zu entlarven. Aber jetzt halte ich diese Gegenüberstellung für überflüssig. Wenn Sie weiter darauf bestehen, werde ich mich ans Gericht wenden, denn diese Person möchte vielleicht einen Teil meines Eigentums erben.»

Schließlich setzte die Staatsanwaltschaft mit Hilfe sogenannter Nebenbeweise Leos Identität fest und beraumte die Verhandlung vor einem Militärgericht an. Man befaßte sich nicht länger mit Formalitäten, sondern trug das Schuldregister der beiden Verhafteten zusammen. Leo galt als russischer Untertan. Seine illegale Tätigkeit in Wilna fand ebenso Eingang in die Anklageschrift wie seine Desertion aus der russischen Armee. Dazu kam natürlich eine Liste seiner Aktivitäten im revolutionären Warschau.

Zur gleichen Zeit bemühten sich die noch in Freiheit verbliebenen Gefährten der beiden Verhafteten, einen Weg zu ihrer Rettung zu finden. Sie berieten sich mit der SPD-Führung, die natürlich vor allem an Rosas Schicksal interessiert war. Hanecki erinnerte sich später: «Am meisten beunruhigt war der alte Bebel. Unablässig bat und beschwor er uns, keine Energie und kein Geld zu scheuen, um alle Mittel zu mobilisieren, Rosa Luxemburg aus dem Gefängnis zu befreien. ‹Wir können nicht ruhig abwarten›, schrieb er, ‹bis man sie zur Zwangsarbeit schickt. Unsere Partei wird keine Ausgaben scheuen. Handeln Sie schnell und energisch.›» Die Mauern und Tore der Festung waren aber unüberwindlich. Der einzige Ausweg bestand zunächst darin, Schmiergeld zu zahlen, um die Anklage zu mildern und eine geringere Strafe zu erreichen; später könnte man dann weitersehen.

Unterdessen verschlechterte sich Rosas Gesundheitszustand, und auch ihre Nerven lagen blank. Denn es ging nicht nur darum, geduldig auszuharren, bis eine Möglichkeit zur Befreiung aus der Haft gefunden worden war. «Es kamen

Tage, wo im Festungshof Galgen errichtet wurden, beklemmende Stille sich auf das ganze Gefängnis legte, bis man den Schritt der Verurteilten und des Hinrichtungskommandos hörte und aus allen Zellen der Trauermarsch erscholl. Und oft geschah es, daß Revolutionäre mit bedeutsamem Ernst und unter besonderen Zeremonien aus den Zellen gerufen wurden. Sie kehrten nicht wieder. Ohne Gericht und Urteil, auf administrativem Wege, wurde ihr Leben ausgewischt. Einmal schien das Schicksal auch an Rosa heranzutreten – Leo Jogiches, der Verschlossene, Unpathetische, erzählte es nach ihrem Tod. Die Augen wurden ihr verbunden, und sie wurde weggeführt. Es ging dann nur zu einer Vernehmung, und das ungewöhnliche Verfahren beruhte entweder auf einem Irrtum, oder es war eine ausgeklügelte Grausamkeit. Als Rosa später gefragt wurde, was sie in jenem Augenblick empfunden habe, sagte sie: ‹Ich schämte mich, weil ich fühlte, daß ich erbleichte!›» Diese Episode findet sich in Paul Frölichs Luxemburg-Biographie. Wenn man auch annehmen darf, es könne sich hier um eine zum Zweck der Heldenverehrung erfundene Anekdote handeln, steht doch außer Zweifel, wie lebensbedrohlich jeder weitere Tag im X. Pavillon für die beiden prominenten Gefangenen sein mußte.

Im April reiste Julian Marchlewski aus Warschau nach Berlin, um mit Bebel über die Lage der Inhaftierten zu sprechen. Mitte Mai informierte Adolf Warski die SPD-Führung, wie weit die Befreiungspläne gediehen waren: «Nach meiner Rückkehr konnte ich nur in Erfahrung bringen, daß die Sache sehr schlecht steht. Es droht ihr wirklich das Militärgericht. Wir haben uns entschlossen, die Angelegenheit mit Geld zu versuchen. Zuerst ging es uns darum, den Anklageparagraphen zu ändern. Das ist uns gelungen.» Der Festungskommandant Suschkow wurde mit 2000 Rubeln bestochen; für diese Summe erklärte er sich bereit, ein ärztliches Gutachten über Rosas bedenklichen Gesundheitszustand anzuerkennen und ihre Haft bis zum Prozeß auszu-

In der Warschauer Zitadelle (in der Bildmitte eine *Kibitka*): Drei Tage vor der geplanten Flucht wurden Rosa und Leo in den X. Pavillon verlegt. Jede Hoffnung auf Flucht mußte jetzt illusorisch bleiben. Aus der Festung war noch nie jemand entkommen.

setzen. Maximilian Luxemburg hinterlegte weitere 3000 Rubel als Kaution; das Geld kam vom SPD-Vorstand. Daraufhin unterzeichnete Suschkow die Anweisung über Rosas vorläufige und bedingte Freilassung. Sie durfte Warschau zunächst nicht verlassen und mußte noch mehrmals zum Verhör. Ende Juli genehmigte Suschkow schließlich ihre Abreise nach Karlsbad zu einer Kur.

Eine Rolle hat außer dem Geld die Tatsache gespielt, daß sich die Behörden in Warschau nicht sicher waren, ob sie Rosa ohne weiteres als russische Untertanin behandeln konnten. Da ihre Eheschließung nur zivil erfolgt war, mußte sie (und damit Rosas deutsche Staatsbürgerschaft) in Rußland zwar nicht anerkannt werden. Aber Rosa war in Deutschland sehr prominent, und eine offizielle Intervention wollte man nicht riskieren. Auch eine Pressekampagne wäre den Behörden schon unangenehm genug gewesen. Dabei hatte sich der *Vorwärts* denkbar unangemessen verhalten: Schon Ende März hatte das Blatt in einem überschwenglichen Artikel Rosas Courage gepriesen, mitten ins revolutionäre Warschau zu gehen. Dankbar griff die Ochrana auf dieses authentische Beweisstück zurück! Auch die *Post*, wie nicht anders zu erwarten, lieferte Munition gegen Rosa Luxemburg: «Wir in Deutschland können uns nur freuen, sie auf diese leichte Weise losgeworden zu sein. Der ‹Vorwärts› ist zum ersten Mal als Sachwalter deutscher Interessen aufgetreten, als er der russischen Regierung ein so reiches Material zur Verfügung stellte, das diese Megäre belastet.»

Maximilian zahlte auch für Leo eine Kaution von 3000 Rubeln. Aus welcher Quelle diese Summe kam, ist unklar. Aber Leo wurde nicht freigelassen. Er galt als Russe, als Fahnenflüchtiger und außerdem als besonders gefährlich. Leo war in der Öffentlichkeit überhaupt nicht bekannt, weil er immer nur aus dem verborgenen heraus operiert hatte; dafür hatte er jetzt einen hohen Preis zu zahlen. Er blieb in der Festung und wartete auf seinen Prozeß.

Rosa hatte nicht vor, nach Karlsbad zu reisen, und ebensowenig beabsichtigte sie, zu ihrem Prozeß zu erscheinen. Sie fuhr nach Petersburg und bekam dort von Genossen einen falschen Paß, mit dem sie über die Grenze nach Finnland ging. Der kleine Kurort Kuokkala lag nur dreißig Kilometer von Petersburg entfernt, aber schon im relativ sicheren Ausland. Dort befanden sich die Schlupfwinkel vieler Revolutionäre, für die das Petersburger Pflaster zu unsicher geworden war. Manche von ihnen fuhren mehrmals die Woche zwischen Kuokkala und Petersburg hin und zurück. Die waldreiche Gegend eignete sich gut für den illegalen Grenzverkehr. Sympathisanten, die in der Gegend Ländereien besaßen, stellten Pferde und Fuhrwerke zur Verfügung, so daß die gefährlichen Kontrollen in der Eisenbahn vermieden werden konnten.

Rosa wohnte in einem kleinen hölzernen Sommerhaus inmitten eines lichten Kiefernwaldes. Das Häuschen gehörte einer Petersburger Malerin, die der Sozialdemokratie nahestand. Die Haft hatte Rosa verändert. Sie war abgemagert, ihr Haar war ergraut, ihr Profil schärfer geworden, ihre Haut gelb und faltig. Das Attest der Ärzte war nicht nur ein Trick für ihre Freilassung gewesen. Sie war wirklich krank an Magen und Leber, ihre Nerven waren geschwächt, ihre gesamte Konstitution hatte gelitten. Aber sie konnte sich der geruhsamen Atmosphäre des Kurortes nicht hingeben, vielmehr hatte sie sich ein gehöriges Stück Arbeit vorgenommen. Bis zum SPD-Parteitag im Herbst wollte sie ihre Erfahrungen und Erkenntnisse aus der russischen Revolution zu einem längeren Aufsatz verarbeiten.

Im gleichen Dorf, auf der anderen Seite des Bahngleises, besaß der Bolschewik Lindow ein zweistöckiges Haus, in dessen unterer Etage Lenin sein Hauptquartier errichtet hatte. Dort ging die gesamte Führung der russischen Sozialdemokratie aus und ein, und auch Rosa traf sich oft mit Lenin. Ihr Verhältnis zu ihm war in dieser (wie in jeder anderen) Zeit

W. I. Lenin – Rosa schätzte ihn als ebenbürtigen Denker; trotzdem kritisierte sie seinen «sterilen Nachtwächtergeist».

nicht so ungetrübt, wie es in einigen biographischen Arbeiten dargestellt wird. Zwar hatten sie während der Revolution in einigen Grundsatzfragen die gleiche Haltung bezogen. Aber Rosa war keineswegs abgerückt von ihrer Kritik an Lenins Konzeption einer ‹Partei neuen Typs›; sie hatte eine andere Meinung dazu, wie eine revolutionäre Arbeiterpartei geführt werden sollte – nämlich nach demokratischen Prinzipien, nicht zentralistisch und autoritär wie das von Lenin angestrebte Modell. Und so ging sie nicht etwa nur deshalb so oft in Lenins Quartier, um sich von ihm Informationen für ihr neues Buch zu holen, sondern jedesmal führten sie temperamentvolle Streitgespräche.

Auch Lenin hatte nicht vergessen, daß Rosa ihn drei Jahre zuvor in einem Aufsatz über *Organisationsfragen der russischen Sozialdemokratie* als einen Nachtwächter bezeichnet hatte: «Der von Lenin befürwortete Ultrazentralismus scheint uns aber in seinem ganzen Wesen nicht vom positiven schöpferischen, sondern vom sterilen Nachtwächtergeist getragen zu sein. Sein Gedankengang ist hauptsächlich auf die *Kontrolle* der Parteitätigkeit und nicht auf ihre *Befruchtung*, auf die *Einengung* und nicht auf die *Entfaltung*, auf die *Schurigelung* und nicht auf die *Zusammenziehung* der Bewegung zugeschnitten.» Mit beißender Ironie hatte sie Lenins Vorstellung karikiert, ein echter Proletarier müsse «infolge seines revolutionären Klasseninstinktes ein gewisses Wonnegefühl bei all der Straffheit, Strammheit und Schneidigkeit seiner obersten Parteibehörde empfinden, er unterziehe sich all den derben Operationen der ‹Parteidisziplin› mit freudig geschlossenen Augen».

Und sie hatte behauptet: «Fehltritte, die eine wirklich revolutionäre Arbeiterbewegung begeht, sind geschichtlich unermeßlich fruchtbarer und wertvoller als die Unfehlbarkeit des allerbesten ‹Zentralkomitees›.» Im Sommer 1905, schon mitten in der Revolution, hatte sie Lenins Verlautbarungen «das Gequassel von Uljanow» genannt. Lenin wiederum äußerte, Rosa Luxemburg verstünde von diesen Dingen zuwenig, weil sie nicht richtig Russisch könne.

Trotz dieser gegenseitigen Attacken schätzte jeder von beiden den anderen als ebenbürtigen Geist und interessanten Gesprächspartner. Bekannt ist Lenins Ausspruch, in dem er Rosa als Adler bezeichnet. Wenngleich sich in den folgenden Jahren die politischen Auseinandersetzungen zwischen den beiden verschärften, hat Rosa den Führer der Bolschewiki doch immer als originellen Denker und überragenden Intellektuellen gewürdigt und ihn, wenn er in Berlin weilte, in ihrer Wohnung bewirtet. Zu Clara Zetkin sagte sie während eines Kongresses in Stuttgart 1907: «Schau den da gut an! Das ist Lenin. Sieh den eigenwilligen hartnäckigen Schädel! Ein echt russischer Bauernschädel mit einigen leicht asiatischen Linien. Dieser Schädel hat die Absicht, Mauern umzustoßen. Vielleicht, daß er daran zerschmettert. Nachgeben wird er nie.» Und an Claras Sohn Kostja schrieb sie über Lenin: «Ich rede so gern mit ihm, er ist gescheit und gebildet und hat eine gar so häßliche Fratze, die ich gerne sehe.» Darüber, daß Lenin mit seinen engsten Kampfgefährten in Kuokkala oft und ausdauernd Karten spielte, sah Rosa hinweg; bei aller Spottlust versagte sie sich die Benutzung solcher privaten Details in ihren publizistischen Auseinandersetzungen mit den Bolschewiki.

In den wenigen Wochen ihres finnischen Exils verfaßte Rosa das Buch *Massenstreik, Partei und Gewerkschaften*, in dem sie die Lehren der russischen Revolution auf die deutsche Bewegung anzuwenden versuchte. Aber während sie im sicheren Kuokkala in dem kleinen Garten neben der Datscha saß und schrieb, konnte sie sich in Gedanken doch nicht von Warschau lösen. Leo war dort geblieben. Erstmals seit mehr als einem halben Jahr richtete sie ihre Gedanken wieder nach rückwärts und besann sich darauf, wie die letzten Monate seit seiner Abreise nach Krakau verlaufen waren, wie sich ihr Verhältnis entwickelt hatte, seit sie sich Leo zuliebe von W. getrennt hatte. Im rasenden Strudel der Warschauer Ereignisse war keine Gelegenheit gewesen, über persönliche Dinge zu reflektieren. Sie waren zusammengewesen, hatten endlich gemeinsam inmitten einer realen Revolution gearbeitet, unter Lebensgefahr, in gemeinsamer Verantwortung für das Geschehen und für die Menschen, die darin eingebunden waren. Diese Verantwortung lastete schwer auf Rosa. Die vielen Toten, so viele ausgelöschte Leben – wofür?

Die Revolution war gescheitert, der Zar war nicht gestürzt worden. Hätte sie in Warschau bleiben sollen, war ihre Flucht ein Akt der Feigheit – obwohl ihr Bleiben niemandem genützt hätte? War etwa schon ihre Reise nach Warschau eine Flucht gewesen – vor der Erkenntnis, daß ihre Beziehung zu Leo am Ende war? Hätte Rosa um Leos willen in Warschau bleiben sollen, hätte sie sich mit ihm gemeinsam aburteilen lassen sollen? Diese Fragen, diese Gedanken konnte sie mit niemandem teilen.

Was hatten sie einander bedeutet in diesen kurzen Wochen? Später behauptete Rosa, die Warschauer Zeit sei die glücklichste ihres Lebens gewesen. Glücklich, weil sie endlich wieder ohne Streit und Resignation mit Leo zusammen war? Glücklich, weil sie mitten in einer Revolution agieren konnte? «Die Revolution ist großartig, alles andere ist Quark», schrieb sie aus Warschau an Freunde in Berlin. Diese Wochen waren, nach der Studienzeit in Zürich, die einzigen engster und vertrauensvollster Zweisamkeit – und das unter extremen äußeren Bedingungen. Beide zeigten einander ihre stärksten Seiten – Leos Konspirations- und Führungskünste waren hier ebenso wichtig wie Rosas rascher, scharfer Verstand und ihre sichere journalistische Feder. Das Duo an der Spitze einer Gruppe Gleichgesinnter, die ein großes gemeinsames Ziel verfolgte – das war unter ganz anderen, konkreten und gefährlichen Bedingungen eine Wiederholung der Konstellation in Zürich. Sie waren älter geworden, und jetzt ging es nicht nur um die Sache, sondern auch ums Leben. Sie brauchten einander. Die tiefe Krise vor Leos Abreise, die Rosa am Sinn ihres weiteren Zusammenlebens zweifeln ließ, schien in Warschau vergessen. Bestimmt tat es beiden gut, den vertrautesten Menschen neben sich zu wissen – im revolutionären Rausch ebenso wie im Augenblick der Verzweiflung, im Gedanken an Tod und Niederlage. Und solche Momente hat es sicher gegeben, denn sie waren beide zu klug, um sich Illusionen über einen Sieg hinzugeben. Die Revolution, das war kein einmaliger, schneller Akt.

Jetzt war Rosa frei – frei und allein. Sie reiste im Herbst über Stockholm zurück nach Deutschland. Sie sprach auf dem SPD-Parteitag in Mannheim und auf Kundgebungen – immer über die russische Revolution, alles war wie vorher und doch ganz anders. Das politische Klima hatte sich verändert während ihrer langen Abwesenheit, die Begeisterung für die Revolution im fernen Zarenreich war erschlafft. Auch Rosa kehrte verändert zurück. Ihre geistige Klarheit paarte sich jetzt mit einer gewissen Schärfe, die selbst ihre Freunde befremdete und die Haßausbrüche ihrer Gegner zu rechtfertigen schien. Sie war nicht mehr die schöne junge Frau, der man manches nachsah um ihres Charmes willen. Sie war geprägt von den neuen Erfahrungen – und von den erlittenen Verlusten. Sie hatte Illusionen verloren. Sie hatte zum zweiten Mal ihre Heimat verloren, diesmal endgültig; sie sollte Warschau nie wiedersehen. Sie hatte Lebenszeit verloren – nicht die in Warschau verbrachte, sondern die früher in vielen kleinen kräfteverzehrenden Geplänkeln und Streitigkeiten vertane Zeit, die sie für Wichtigeres und Schöneres hätten nutzen sollen. Sie hatte auch ihren Mann verloren.

Wie eine Kerze, die an beiden Enden brennt, so solle man leben – diese Maxime wird Rosa zugeschrieben. Das Bild von der heller leuchtenden und rascher schwindenden Kerze signalisiert nicht nur Leidenschaft, sondern auch Verschleiß. Das deutliche Empfinden von Verschleiß und Verlust erklärt Rosas gelegentliche Unduldsamkeit.

Im November fuhr Rosa mit Luise Kautsky zur Erholung an den Gardasee. Bei der Rückfahrt über den Brenner schrieb sie an die in Maderno zurückgebliebene Freundin, daß ihr der Abschied vom Süden noch nie so schwer gefallen sei. «Sonne, Ruhe und Freiheit – die schönsten Dinge im Leben (ausgenommen Sonne, Sturm und Freiheit).»

Leo stand im Januar 1907 vor einem Warschauer Militärgericht. Seine Mitangeklagte blieb der Verhandlung *aus gesundheitlichen Gründen* fern. In der Anklageschrift hieß es: «Laut der von der Gendarmerie vorgenommenen Untersuchung ist gegen den Kleinbürger Leo Jogiches (alias Otto Engelmann) und die Kaufmannstochter Rosalie Luxemburg (alias Anna Matschke) die Anklage zu erheben, daß sie im Jahre 1906 der Kampforganisation der sozialdemokratischen Partei des Königreiches Polen und Litauens beitraten, welche Organisation sich das Ziel stellt, die durch die Grundgesetze in Rußland festgelegte monarchische Regierungsform durch bewaffneten Aufstand zu stürzen und auf diese Weise die Autonomie Polens zu erzielen ...» Daß die beiden Angeklagten zur Autonomie Polens ein eher ablehnendes Verhältnis hatten, spielte für die Justizbehörden keine Rolle.

Gleich zu Beginn der Verhandlung verweigerte Leo die Aussage, weil der Richter ihn duzte, und schwieg dann während der gesamten Verhandlung. Das wirkte sich nicht gerade günstig auf die Urteilsfindung aus. Ohnehin war mit einer milden Strafe nicht zu rechnen. Das Gericht verurteilte Leo zu acht Jahren Zwangsarbeit und der Aberkennung aller bürgerlichen Rechte. «Ihr könnt Euch denken», schrieb Rosa an Freunde, «wie es mir zumute ist und daß ich nicht viel schreiben kann.»

Zwei Revolver

Während Rosa sich auf ein Leben ohne Leo einstellte, hatte Leo selbst keineswegs die Absicht, die kommenden acht Jahre in Sibirien zu verbringen. Er plante wieder einmal seine Flucht. Das war sehr schwierig, denn er war von der Außenwelt völlig abgeschnitten. Nach seiner Verurteilung hatte man ihn nach Warschau-Mokotow gebracht; in diesem Gefängnis wurden die Transporte nach Sibirien zusammengestellt. Es gelang Leo, einen Wächter auf seine Seite zu ziehen – nicht mit Geld, denn er hatte keins, sondern durch die Macht seiner Persönlichkeit. Er überzeugte den Mann davon, daß er auf der falschen Seite stünde, daß ein Leben als Gefängniswärter würdelos und der Kampf gegen die Zarenherrschaft für einen Polen eine ehrenvolle Sache sei. Unter Einsatz seines Lebens verhalf der Wärter Leo zur Flucht: er besorgte die Uniform eines Gefängnisarztes und passierte gemeinsam mit dem vermeintlichen Mediziner am 22. März 1907 die Tore der Haftanstalt.

Leo begab sich in die konspirative Wohnung, in der die Redaktion des *Stzandar* untergebracht war, und fing an zu arbeiten, als hätte er nicht mehr als ein Jahr hinter Gittern verbracht. Erholung schien er nicht zu brauchen – die Zeitung war seiner Meinung nach in jammervollem Zustand, und er nahm die Zügel mit gewohnter Strenge in die Hand, während in Warschau, im gesamten Gouvernement und an den Grenzen intensiv nach ihm gefahndet wurde. Fast drei Wochen lang lebte er im Untergrund, bis die Suchmaßnahmen etwas abgeflaut waren. Im April überschritt er die Grenze zum österreichischen Teil Polens, um von Krakau aus nach Berlin zu fahren – mit einer neuen Identität, mit einem neuen Namen.

Zu diesem Zeitpunkt wußte Rosa schon, daß Leo entkommen war, und sie bereitete sich auf seine Ankunft in der Cranachstraße vor – allerdings in ganz anderer Weise, als Leo das wohl erwartete. Rosa hatte seit drei Monaten ein Verhältnis mit dem Sohn ihrer Freundin Clara Zetkin, und sie mußte sich überlegen, wie sie das Leo begreiflich machen sollte.

Während der langen Monate, die sie und Leo in Warschau im Gefängnis verbringen mußten, hatte die Wohnung in der Cranachstraße leer gestanden. Clara kam auf die Idee, ihren jüngeren Sohn Kostja dort einzuquartieren. Sie wußte, daß Rosa damit einverstanden gewesen wäre, denn Rosa war mit dem *Problem Kostja* bestens vertraut. Der junge Mann, einundzwanzig Jahre alt, hatte weder Lust zu arbeiten noch zu studieren. Er wurde nach Berlin geschickt, um sich dort an der Universität einzuschreiben. Er wohnte in Leos grünem Zimmer, und als Rosa zurückkehrte, versprach sie, sich um den Junior zu kümmern. Das tat sie auch; bereits im Februar 1907 war er ihr Geliebter. Aber ihre zahllosen engagierten Versuche, Kostja für irgendeine berufliche Laufbahn zu interessieren, prallten an ihm wirkungslos ab. Er war ein intelligenter Träumer, ein Naturfreund und Bergsteiger, ein leidenschaftlicher Leser und Musikliebhaber, er sah gut aus und betete Rosa an. Er verlangte nichts von ihr, er ließ sich von ihr erziehen, er verehrte ihre geistige Überlegenheit. Aber arbeiten, um Geld zu verdienen, dazu ließ er sich selbst von ihr nicht zwingen.

Rosa gab sich dieser Liebe hin wie einer Erholungskur. Drei Monate schwelgte sie in dem Gefühl, mit dem fünfzehn Jahre jüngeren Liebhaber selbst wieder jung zu sein; da benachrichtigte Leo sie von seiner bevorstehenden Ankunft, und Kostja mußte eilends in ein anderes Quartier umziehen. Eine Katastrophe nahm ihren Anfang, die sich über Jahre hinziehen sollte.

Leo kam in die Cranachstraße in dem Bewußtsein, heimzukehren an seinen sicheren Ort, zu seiner verläßlichen Gefährtin. Rosa jedoch teilte ihm mit, daß sie die Beziehung beendet hatte, während er für ihre gemeinsame Sache hinter Kerkermauern saß. Anders als zwei Jahre zuvor brach Leo jetzt nicht zusammen – er raste vor Wut und vermutete, sie hätte das Verhältnis zu W. neu belebt. Er wußte, daß dieser frühere Geliebte zur gleichen Zeit wie sie in Kuokkala gewesen war – seiner Meinung nach hatte er dort nicht nur die Kontakte zu den russischen Genossen gepflegt! Und zur gleichen Zeit wie Rosa war W. nach Berlin gefahren! Das konnte doch nichts anderes bedeuten, als daß er wieder mit Rosa liiert war! Daß W. kurz darauf bei seiner Rückkehr nach Warschau verhaftet worden war, wußte Leo natürlich auch. Und daß der vermeintliche Rivale außer Gefecht gesetzt war, verleitete ihn dazu, Rosa jetzt unter Druck zu setzen. Er verlangte ohne Umschweife, in seine alten Rechte als Lebensgefährte eingesetzt zu werden. Rosa wies ihn eisig ab.

Leo begann sich als Othello zu gebärden. Er drang bei Tag und Nacht unangemeldet in die Wohnung ein, zu der er noch die Schlüssel besaß, er öffnete und las ihre Briefe, und schon nach wenigen Tagen wurde ihm klar, daß hier ein anderer Mann im Spiel sein mußte als der in Warschau gefangengehaltene W.! Leo lauerte Rosa auf, verfolgte sie, sobald sie das Haus verließ, machte ihr Szenen auf offener Straße, zeigte ihr seinen Revolver und drohte, sie und ihren Liebhaber und sich selbst zu erschießen. Er verbot ihr, Berlin zu verlassen, denn er hatte erfahren, daß sie verreisen wollte. «Gestern war L hier», schrieb Rosa an Kostja, «und soviel ist klar, daß er mich auf meiner Reise begleiten will, um, falls ich mit Dir zusammentreffe, Dich und sich zu erschießen. Kann ich unter solchen Umständen fahren? Ihm entweichen hier kann ich nicht, auch bäumt sich alles in mir auf, mich wie ein Sklave fortzuschleichen. Mit ihm ist kein Spaß mehr, der Mensch ist innerlich fertig, er ist abnorm, und er lebt nur noch mit dieser *Idee fixe* vor den Augen.»

Rosa empfand wirkliche Todesangst. Sie kannte Leo, sie wußte, daß er zum Äußersten fähig war. Er würde seinen Re-

Rosa mit Kostja Zetkin nach der Trennung von Leo: «Gestern war L hier»,
schrieb Rosa an Kostja, «und soviel ist klar, daß er mich auf meiner Reise
begleiten will, um, falls ich mit Dir zusammentreffe, Dich und sich zu erschießen.»

volver benützen, wenn er es für richtig hielt – in Warschau
hatte sie erlebt, wie er den Druckereibesitzern mit der Waffe
seinen Willen aufgezwungen hatte. Sie ließ sich ihre Briefe
postlagernd schicken, verbrachte die Nächte bei Freunden,
wagte sich nur noch in Begleitung von Bekannten in ihre
Wohnung und merkte, wie sie allmählich an diesem Zustand
krank wurde. Es war bei alldem unmöglich, das Verhältnis zu
Leo gänzlich abzubrechen – sie beide waren in der Führung
der polnischen Sozialdemokratie aufs engste liiert, sie hatten
mehrmals wöchentlich dringende Parteiangelegenheiten zu
beraten, sie gaben zusammen eine polnische Zeitschrift heraus, sie mußten auch gemeinsam die polnischen Interessen in
der russischen Sozialdemokratie vertreten. Die polnische und
die russische Partei hatten sich zusammengeschlossen,
während sie beide in Warschau auf ihre Verurteilung warte-
ten, und Leo konzentrierte sich nun darauf, endlich den Einfluß in der russischen Bewegung zu gewinnen, den ihm
Plechanow vor fünfzehn Jahren versperrt hatte.

Rosa ließ sich nicht dazu zwingen, ihrem geliebten Kostja
den Laufpaß zu geben und mit Leo Frieden zu machen. Der
Höhepunkt des Eifersuchtsdramas spielte sich im Mai 1907
in London ab. Hier fand der Parteitag der russischen Sozialdemokratie statt. Rosa und Leo gehörten zur Delegation der
SDKPiL, sie wohnten im selben Hotel, saßen tagelang vom
frühen Morgen bis in die Nacht gemeinsam in den Beratun-
gen, mußten gemeinsame Ziele verfechten, gemeinsame
Freunde treffen. Währenddessen fing Leo im Hotel Kostjas
Briefe ab, las sie und quälte Rosa mit zynischen Kommentaren; in den Beratungspausen bedrängte er sie mit seinen
Eifersuchtsattacken.

Rosa wurde auf dem Parteitag enthusiastisch gefeiert. Sie
war nicht nur polnische Delegierte, sondern zugleich Reprä-
sentantin der einflußreichen SPD. Dreimal sprach sie im Ple-
num, während Leo sich wie gewohnt zurückhielt. Aber es
waren ihre gemeinsam erarbeiteten Auffassungen, die sie

vortrug – darüber, wie eine Revolution geführt werden, wie die russische Partei arbeitet, wie man den Marxismus auf die gegenwärtigen Verhältnisse anwenden müsse. Diese Konzeptionen hatte sie in London gegen die Meinungen von Lenin und seinen Anhängern zu vertreten, und sie bekam viel Beifall. Unter denen, die ihr aufmerksam zuhörten, befand sich ein junger Georgier, der ohne Mandat am Parteitag teilnahm. Niemand wußte so recht, was er auf dem Kongreß überhaupt zu suchen hatte, und es fiel auf, daß Lenin versuchte, ihn als «Berater» zu etablieren. Man munkelte, daß dieser Mann, der sich damals Koba nannte, Verdienste durch sogenannte *Enteignungen* erworben hätte – durch Banküberfälle, mit deren Ausbeute die Bolschewiki ihre Ausgaben finanzierten. Ein Vierteljahrhundert später erklärte derselbe Mann Rosa Luxemburg und ihr Werk zum unerwünschten Erbe – da kannte ihn die ganze Welt als den sowjetischen Führer Stalin, und Stalin vergaß niemals jemanden, der irgendwann eine von seiner eigenen abweichende Meinung vertreten hatte.

Aus London kehrte Rosa nach Berlin zurück, in Kostjas Arme – aber schon Mitte Juni mußte sie eine zweimonatige Gefängnisstrafe antreten. Als sie im August entlassen wurde, fand sie in der Cranachstraße wieder den eifersüchtigen Leo vor, der sich weigerte, aus der Wohnung auszuziehen. Er benutzte die Cranachstraße 58 weiterhin als Anschrift für seine Korrespondenzen und seine Zeitungsabonnements, und er verabredete sich hier mit Genossen zu Gesprächen, die oft viele Stunden dauerten.

Schon bald stellten Rosas Ärzte fest, daß sie unter einem Herzklappenfehler litt – sie führte dies auf die ständigen Aufregungen zurück. Noch zwei Jahre dauerte der Krieg mit Leo unvermindert an. Verzweifelt suchte Rosa nach einer Möglichkeit, zur Ruhe zu kommen. Sie flehte Leo an, endlich aus ihrem Privatleben zu verschwinden und ihr nicht ständig unter immer neuen Vorwänden seine Gegenwart aufzuzwingen. «Gestern nach dem Gespräch konnte ich vor Aufregung die halbe Nacht nicht einschlafen, und heute bin ich nicht fähig zu arbeiten. Ich muß zum ich weiß nicht wievielten Male bitten, das Geschäftliche schriftlich mit mir zu erledigen, damit ich in meinem Winkel Ruhe habe. Ich brauche das Zimmer nicht, und ich betrete es nicht, und wenn jemand zu mir anreist, so halse ich ihn mir im Schlafzimmer auf, um jenes Zimmer nicht zu benutzen. Aber ich muß meine eigene Wohnung haben, und kein Hotel, in dem man ohne meine Zustimmung ein- und ausgehen kann. Ich habe nicht die Kraft, dieses Hin- und Hergezerre länger zu ertragen, ich habe schon so viele Male gebeten, daß damit Schluß ist, und habe mich den ganzen Sommer außer Haus herumgetrieben, um diese Wirtschaft nicht zu sehen, jetzt habe ich schon wieder dasselbe. Die Briefe kamen den ganzen Sommer ohne meine Vermittlung, jetzt kommt schon wieder alles an meine Adresse, und die Zeitungen sollen auch jede Woche abgeholt werden. – Ich kann nicht so. Ich tue, was ich kann, für den *Przeglad Socjaldemokratyczny* und den *Czerwony Sztandar*, ich bin bereit, in Vertretung die Redaktion zu übernehmen, wenn es erforderlich ist, aber ich will meinen Winkel für mich haben. Wenn ich das in keiner Weise erreichen kann, so will ich lieber die ganze Wohnung zusammen mit dem Dienstmädchen abgeben und mir irgendwo ein möbliertes Zimmer nehmen, damit ich weiß, daß ich bei mir zu Hause und nicht im Hotel bin. Ich bitte um Antwort, ob das so weitergehen soll, damit ich weiß, was ich mit mir machen soll.»

Leo zog schließlich in ein kleines Hotel in Berlin-Steglitz, aber er behielt die Schlüssel. «L macht es jetzt so, daß er zur Nacht fortgeht, hingegen bei Tag hier sitzt und arbeitet», klagte Rosa, die diese ständige Überwachung nicht mehr ertragen konnte. «L kommt jeden Tag in die Wohnung, empfängt dort Briefe und Leute.» Nach wie vor lauerte er ihr auf und drohte, sie zu töten. Schließlich kaufte sie sich auch einen Revolver. Denn Leo fand neue Nahrung für seine Eifersucht: Rosa hatte erfahren, daß ihr früherer Liebhaber W. in

Rosa nach der Trennung von Leo, 1910: «... weil ich erst wieder ganz ich bin, seit ich von L. frei bin.»

seinem polnischen Gefängnis dem Tode nahe sei, er litt an Tuberkulose und war außerdem einer schikanösen, lebensbedrohlichen Behandlung durch das Wachpersonal ausgesetzt. «Es ist grauenhaft», schrieb sie unter Tränen nach einem Gespräch mit W.s Anwälten, «jeden Tag mehrere Hinrichtungen; in den Gefängnissen gehen Dinge vor, bei denen die Haare zu Berge stehen.» Als sie hörte, der junge Genosse könne gegen eine Kaution freikommen, setzte sie Himmel und Hölle in Bewegung, um das Geld zu beschaffen. Um die riesige Summe von 6000 Rubeln zusammenzubekommen (das war so viel, wie man zwei Jahre zuvor für Leos und ihre Freilassung *zusammen* verlangt hatte!), borgte sie mehrere wohlhabende Freunde an und zog demütigende Debatten wegen der Rückzahlung auf sich. Es war kein Geheimnis, daß Rosa seit ihrer Rückkehr nach Deutschland nahezu mittellos dastand. Aber sie konnte die Gläubiger beruhigen: Im Herbst 1907 war sie als Dozentin an die Parteischule der SPD berufen worden – das war eine feste Anstellung mit guter Bezahlung. Und sie arbeitete an ihrem neuen Buch *Einführung in die Nationalökonomie*, dessen Erlös sie für die Rückzahlung der geliehenen Summe einsetzen würde.

Das rasende Tempo und die Berg- und Talfahrten des Karussells der Leidenschaften ließen Kostjas Liebe erschlaffen. 1909 begann er, sich Rosa nach und nach zu entziehen. Sie gab ihn schließlich mit einer großzügig wirkenden Geste frei. Das Ende dieser Affäre erlaubte ihr, das Verhältnis zu Leo endlich auf eine normale kameradschaftliche Ebene zu bringen. In den vorangegangenen zwei Jahren waren alle ihre schriftlichen Nachrichten und Briefe an ihn von einer seltsam verrenkten Diktion geprägt gewesen; sie hatte konsequent vermieden, ihn anzureden, und immer nur in der dritten Person oder in «man sollte»-Floskeln mit ihm gesprochen. Nun wirkten ihre Briefe an Leo, als wäre ein eiserner Reifen zersprungen, wenn sie auch nie mehr zur früheren Vertrautheit zurückfanden.

Die beiden Revolver wurden nicht benutzt. Daß Kostjas Liebhaberrolle ausgespielt war, erleichterte es Rosa und Leo, sich ausschließlich auf die gemeinsame Arbeit zu konzentrieren. Das Jahr 1910 war in mehrfacher Hinsicht nicht einfach. Leo und sein Rivale Lenin kämpften erbittert darum, ihre jeweilige Konzeption in der russischen Partei durchzusetzen. Während Leo eine Partei nach SPD-Muster bevorzugt hätte, die demokratisch geführt wurde, Meinungsverschiedenheiten innerparteilich ausdiskutierte und Spaltungen vermied, vertrat Lenin vehement seine Auffassung von einer autoritär geführten Partei, in der es nur eine Meinung geben dürfte – wer eine andere vertrat, würde ausgeschlossen. Beide waren nicht zimperlich in der Wahl ihrer Mittel, wenn es darum ging, den größtmöglichen Einfluß zu erringen – Erpressung und Intrige waren dabei keineswegs verpönt.

In diesen Machtkämpfen ging es übrigens nicht nur um politische und ideologische Konzeptionen, sondern auch um sehr viel Geld. Der Moskauer Student Nikolaj P. Schmitt, Erbe eines gewaltigen aus Industrieanlagen und Aktienkapital bestehenden Vermögens, war im Zusammenhang mit den revolutionären Ereignissen verhaftet worden und 1907 im Gefängnis unter ungeklärten Umständen umgekommen. Er hatte seinen Letzten Willen nur mündlich hinterlassen: sein Vermögen sollte der russischen Sozialdemokratie zufallen. Der Umfang dieser Erbschaft wurde auf ungefähr 300 000 Rubel geschätzt, und es darf nicht verwundern, daß angesichts dieser enormen Summe ein heftiges Tauziehen um ihre Verwendung einsetzte. Nachdem die beiden Schwestern und der minderjährige Bruder des Verstorbenen von Lenins Beauftragten dazu gebracht worden waren, ihren Verzicht zugunsten der Bolschewiki zu erklären, kämpften die anderen Fraktionen und Gruppen darum, Lenin den Schatz zu entreißen. Leo erreichte schließlich, daß Lenin das Geld an die Gesamtpartei herausgab und drei namhafte deutsche Sozialdemokraten (Kautsky, Mehring, Clara Zetkin) zu Treuhändern ernannt wurden. Rosa war in den Streit um diese *Russensachen* aufs engste verwickelt; er kostete sie viel Energie und Nerven. Sie fühlte sich jetzt oft erschöpft und hatte Angst davor, ihren selbstgestellten Aufgaben nicht gewachsen zu sein und zu scheitern. In diesem Jahr entzweite sich Rosa auch für immer mit ihrem alten Freund Kautsky – ihre politischen Auffassungen drifteten auseinander.

1911 starb in Wilna Leos ältester Bruder Pawel – der letzte von seinen Geschwistern. Plötzlich war Leo in Geldnot. Nach wie vor waren die Einkünfte aus dem großväterlichen Erbe und dem Familienunternehmen seine einzige Finanzquelle, die nun abrupt versiegte. Pawel hatte das Geld stets auf dem Geschäftsweg an die Firma von Rosas Bruder Maximilian in Warschau übersandt. Leo lebte in Berlin unter falschem Namen und konnte auch wegen der Erbschaft seine Identität nicht preisgeben; denn er fürchtete, von den deutschen Behörden nach Rußland ausgeliefert zu werden. In dieser schwierigen Situation reiste Maximilian Luxemburg nach Wilna, um Leos Angelegenheiten zu regeln. Schon 1906/07 hatten sich Rosas Geschwister in Warschau um Leo als um ein Mitglied ihrer Familie gekümmert. So wie sie nie erfahren hatten, daß ihre Schwester und *Onkel Leo* keinen Trauschein besaßen, erfuhren sie nun auch nichts vom Ende ihrer Lebensgemeinschaft. Als Maximilian nach der Regelung der Wilnaer Hinterlassenschaft mit seiner Familie zu Besuch nach Berlin kam, wohnte Leo, der endlich gutwillig ausgezogen war, scheinbar wie immer in der Cranachstraße; nichts deutete darauf hin, daß Leo und Rosa kein Ehepaar wären.

Natürlich erfuhren die Geschwister auch nichts von den Liebschaften, die ihre Schwester in den kommenden Jahren anfing und immer auch bald wieder beendete. Stets waren es jüngere Männer, viel jünger als die 1870 geborene Rosa: Der Anwalt Paul Levi war 1883 geboren, der Arzt Hans Diefenbach (dessentwegen sich die Biographen immer noch streiten, ob sein Verhältnis zu Rosa platonisch gewesen sei oder eher doch nicht) war Jahrgang 1884, und die Klatschbasen in der SPD munkelten sogar von einer Liaison mit einem jungen Mann, der erst 1891 geboren war ...

Leo wurde im November 1911 Vater. die Dienstmagd seines damaligen Vermieters gebar ein Mädchen, um das sich Leo nie kümmerte. Ob Rosa etwas von diesem Kind wußte? Ihren Wunsch nach einem Baby hatte Leo immer aus prinzipiellen Gründen von sich gewiesen, und nun hatte er eine Tochter aus einer Gelegenheitsbeziehung. In den folgenden Jahren fing Leo ein Verhältnis zu seiner jungen Vermieterin Doris Paulsen an und gleichzeitig eins zu einer Kontrolleurin bei der Gasanstalt; die Briefe, die er diesem *Fräulein Jenny* schrieb, sind als Belastungsmaterial in einer Polizeiakte erhalten geblieben. Vielleicht waren Leos verschollene Briefe an Rosa genauso hölzern-gestelzt und gleichzeitig sentimental wie diese? «Mein liebes Fräulein Jenny! Sie besitzen ein kleines goldenes Herz und verstehen es, ihm eine beredte Sprache zu verleihen. Das Blümchen war noch ganz frisch und ich habe es in Ehren aufgehoben. Sie haben nette herzige Einfälle, die man in meiner Lage besonders schätzen kann! Bitte stürzen Sie sich nicht in Unkosten wegen einer Photographie. Für liebe, gute Freunde habe ich auch so ein gutes Gedächtnis, Photographien empfinde ich sogar stets als etwas Totes, aber dankbar werde ich selbstredend dafür sein, falls Sie sich bereits auf der Platte verewigt haben ...»

Letzter Dienst

Wenn Rosa auch behauptete, erst ganz wieder sie selbst zu sein, seit sie von Leo frei sei, war ihre gemeinsame Geschichte doch nicht zu Ende. Ein Paar wurden sie nie wieder, und sie hatten auch niemals mehr eine gemeinsame Wohnung. Aber die Beziehung bekam, Jahre nach ihrem vermeintlichen Ende, noch ein tragisches, grausames Schlußkapitel.

Der Beginn des Ersten Weltkrieges im Sommer 1914 traumatisierte die gesamte europäische Sozialdemokratie. Die gemeinsame Losung *«Proletarier aller Länder, vereinigt euch!»* verkehrte sich ins Gegenteil: die Proletarier aller Länder schossen jetzt aufeinander. Daß dieser Krieg alle bisherigen Kriege «an Dimensionen, an Wucht, an tiefgreifender Wirkung» in den Schatten stellen würde, erkannte Rosa schon wenige Wochen nach seinem Ausbruch. «Nie waren so viele Völker, Länder, Weltteile von den Flammen des Krieges auf einmal umfaßt, nie waren so gewaltige technische Mittel in den Dienst der Vernichtung gespannt, nie waren so reiche Schätze der materiellen Kultur dem höllischen Sturm ausgesetzt», schrieb sie in einem Artikel für die *Sozialdemokratische Korrespondenz*, dessen Titel *Trümmer* sich auf ein Zitat aus Goethes *Faust* bezieht. «Der zermalmende Zug des gegenwärtigen Weltkrieges hinterläßt überall auf weiten Länderstrecken und Meeren zunächst nichts hinter sich als Trümmer: Trümmer von Städten und Dörfern, Trümmer von zerschmetterten Festungen, Geschützen und Gewehren, Trümmer von riesigen Schlachtschiffen und kleinen Torpedobooten. Und dazwischen Trümmer von zerschmettertem Menschenglück.»

Rosa sprach hier durchaus auch von ihrem ganz persönlichen Trümmerhaufen. Sie machte sich nichts vor: Die Arbeiterklasse hatte Marx' Vision von der besseren Welt, in der die Völker gleichberechtigt und solidarisch miteinander leben würden, keineswegs verinnerlicht. Die jahrzehntelange politische Aufklärungsarbeit – Rosa selbst hatte einen beträchtlichen Teil ihrer Lebenszeit daran verwendet – hatte keine Immunität gegen Nationalismus und Chauvinismus bewirken können. Die Internationale war von einem Tag auf den anderen zum papiernen Gespenst geworden.

«Schrecklich wirkte die Tatsache des Kriegsausbruchs auf Rosa», klagte Luise Kautsky, «noch schrecklicher die Haltung der deutschen Sozialdemokratie, die sie fast dem Wahnsinn, ja, eingestandenermaßen dem Selbstmord nahebrachte. Die Bewilligung der Kriegskredite durch die Sozialdemokratie im Deutschen Reichstag war für sie ein Signal, sich von den früheren Genossen, denen sie innerlich schon länger entfremdet war, nun endgültig loszusagen.»

Am 2. Dezember 1914 fand im Deutschen Reichstag die zweite Abstimmung über die Kriegskredite statt. Wie schon bei der ersten Anfang August stimmte die sozialdemokratische Fraktion auch diesmal mit Ja. Nur der Abgeordnete Karl Liebknecht brach mit seinem mutigen, einsamen Nein den von Kaiser Wilhelm II. verkündeten Burgfrieden. Bis zum Kriegsausbruch hatten Liebknecht und Rosa Luxemburg nur gelegentlichen Kontakt gehabt. Das änderte sich jetzt. Zusammen mit einigen anderen Linken, die ebenso entsetzt über die Stillhaltepolitik der SPD-Führung waren, gründeten sie eine zunächst lose Gruppierung, aus der dann im Kriegsverlauf die straff organisierte Spartakus-Gruppe wurde. «Die Zusammenarbeit zwischen ihm und Rosa Luxemburg wurde immer enger», erinnerte sich Mathilde Jacob, die seit 1913 Rosas Sekretärin und nach 1914 ihre engste Freundin war. «Insgeheim wünschte ich, beide wären weniger unzertrennlich gewesen. Auch wuchs die politische Bedeutung Liebknechts über ihn hinaus, stets wurde er mit Rosa Luxemburg gemeinsam genannt. Sein politisches Auftreten wurde immer kühner, oft aber waren seine Handlungen tollkühn und nicht frei von Eitelkeit. Gelegentlich sprach ich mit Rosa Luxemburg kritisch über Karl Liebknecht, und sie sagte daraufhin: ‹Vergleichen Sie ihn nicht mit Leo Jogiches, wie Sie es zu tun pflegen, vergleichen Sie ihn mit deutschen Genossen und Sie werden sehen, wie hoch er über ihnen steht. Außerdem sollten Sie Lassalle fleißig lesen, Sie können viel dabei lernen; auch er war eitel.›»

Im Winter erkrankte Rosa schwer. Mit Gelbsucht und Magengeschwüren wurde sie schließlich ins Krankenhaus eingeliefert. Eigentlich erwartete sie in dieser Zeit jeden Tag ihre Aufforderung zum Haftantritt, denn sie war im Februar 1914 zu einem Jahr Gefängnis verurteilt worden. Nun brachte ihr die Krankheit noch einen Aufschub. Aber im Februar des neuen Jahres mußte sie ins Weibergefängnis in der Berliner Barnimstraße einrücken. Mathilde Jacob fiel von diesem Augenblick an die Rolle der intimsten Vertrauten zu. Zwar hatte Leo für kurze Zeit versucht, diese Aufgabe selber zu übernehmen, aber sein organisatorisches Genie scheiterte an den Tücken des Kriegsalltags. Mathilde war für diese Probleme besser gerüstet.

Sie kümmerte sich um Rosas Angelegenheiten, um ihre Wohnung, ihre Finanzen. Sie versorgte die Gefangene mit Wäsche, Büchern und den immer knapper werdenden Lebensmitteln; denn die Kost in der Barnimstraße war für eine Magenkranke denkbar ungeeignet. Sie sorgte auch dafür, daß der Kontakt zur Außenwelt nicht abriß, und war äußerst phantasiereich beim Erfinden «unterirdischer» Korrespondenzmöglichkeiten. In einem Briefchen an Mathilde gestand Rosa nach ihrer Einlieferung: «Damit Sie übrigens keine übertriebene Vorstellung von meinem Heldentum bekommen, will ich reumütig bekennen, daß ich in dem Augenblick, wo ich zum zweiten Mal an jenem Tage mich aufs Hemd ausziehen und betasten lassen mußte, mit knapper Not die Tränen zurückhalten konnte.»

Nachdem sie die zwölf Monate verbüßt hatte, war ihr nur eine Pause von wenigen Monaten in Freiheit vergönnt. In dieser Zeit verfaßte sie die Broschüre *Die Krise der Sozialdemokratie* – ihre Abrechnung mit der SPD-Führung und zugleich eine Analyse der Kriegsursachen. Im Frühjahr 1915 holte die Regierung zu einem Rundumschlag aus. Zahlreiche Verhaftungen und Einberufungen sollten die Antikriegsaktionen der Linken zum Erliegen bringen. Schon im Februar 1914 war Liebknecht eingezogen worden; sein Mandat als Abgeordneter konnte nicht angetastet werden, aber als Soldat war ihm von nun an jede außerparlamentarische politische Tätigkeit verboten. Nach seinem spektakulären Auftritt am 1.Mai 1916 wurde er daher sofort verhaftet und wegen Hochverrat zu einer Zuchthausstrafe verurteilt, die er in Luckau verbüßen mußte. Auch Franz Mehring und viele andere Linke wurden festgenommen und eiligst abgeurteilt.

Im Juli 1916 holten zwei Polizeibeamte Rosa aus ihrer Wohnung und brachten sie ins Gefängnis. Ohne Gerichtsverfahren wurde sie in *Schutzhaft* genommen. Sie mußte eine Zelle in der Festung Wronke beziehen – in der Nähe von Posen, weitab von ihrer vertrauten Umgebung. Während der gesamten Kriegszeit blieb sie eingesperrt – bis zum November 1918. Schutzhaft bedeutete, daß die Gefangene persönliche Sachen wie Kleidung, Wäsche und Bücher benutzen und sich die Mahlzeiten außerhalb der Haftanstalt zubereiten lassen durfte – was für die magenkranke Rosa sehr wichtig war.

Die relativ günstigen Haftbedingungen änderten aber nichts daran, daß Rosa zeitweise in tiefe Depressionen fiel. Trost fand sie in ausgiebiger Lektüre und in der Beschäftigung mit Pflanzen und Tieren, mit Beobachten, mit Sammeln. Sie hatte schon nach ihrer Rückkehr aus Warschau und der Trennung von Leo angefangen zu botanisieren. Die in ihren Briefen aus dem Gefängnis enthaltenen Betrachtungen über die Natur widerspiegelten oft auch ihre psychische Verfassung. An ihren Freund Hans Diefenbach schrieb sie zum

Beispiel im Sommer 1917: «Ich möchte laut über die Mauer hinausrufen: O bitte, beachten Sie doch diesen herrlichen Tag! Vergessen Sie nicht, wenn Sie noch so beschäftigt sind, wenn Sie auch nur in dringendem Tagwerk über den Hof eilen, vergessen Sie nicht, schnell den Kopf zu heben und einen Blick auf diese riesigen silbernen Wolken zu werfen und auf den stillen blauen Ozean, in dem sie schwimmen. Beachten Sie doch die Luft, die von leidenschaftlichem Atem der letzten Lindenblüten schwer ist, und den Glanz und die Herrlichkeit, die auf diesem Tage liegen, denn dieser Tag kommt nie, nie wieder! Er ist Ihnen geschenkt wie eine voll aufgeblühte Rose, die zu Ihren Füßen liegt und darauf wartet, daß Sie sie aufheben und an Ihre Lippen drücken.»

Die strengen Bestimmungen der Postzensur zwangen Rosa, die erlaubten Briefe mit Hilfe scheinbar harmloser Floskeln und Decknamen zu verschlüsseln. Nachrichten für Leo wurden beispielsweise als Grüße an *Mimis Vormund* getarnt – Mimi war Rosas Katze. Rosa und Mathilde mußten die Kassiber in Gegenwart der Überwachungsbeamten austauschen, was beiden viel Einfallsreichtum und Kaltblütigkeit abforderte.

Als Schutzhaftgefangene mußte Rosa die Kosten für ihre Unterbringung und Beköstigung selber tragen. Rosa war zu dieser Zeit aber ohne jedes Einkommen, denn die Parteischule war zu Kriegsbeginn sofort geschlossen worden. Hilfe kam von Leo. Er sorgte dafür, daß ihre Rechnungen bezahlt wurden und daß Geld für ihre Versorgung vorhanden war. Die Miete für die Wohnung, die Rosa seit der Trennung von Leo bewohnt hatte, bezahlte nach ihrer Verhaftung ein wohlhabender SPD-Genosse. Ohne diese finanzielle Unterstützung hätte Rosa die Wohnung aufgeben müssen. Die Tatsache, daß ihr vertrautes Domizil erhalten blieb und ihrer Rückkehr harrte, war für die Gefangene ein starker psychologischer Rückhalt.

Nicht nur als fürsorglicher Freund trat Leo zu dieser Zeit

erneut in Rosas Leben. In der Erwartung ihrer baldigen Verhaftung hatte Rosa ihn zu ihrem Nachfolger als Führer der Spartakusgruppe bestimmt. Er übernahm diese Aufgabe vorbehaltlos, mit vollem Einsatz seiner Person. Seine hervorragenden Talente als Organisator und seine Erfahrungen in der Illegalität ließen ihn bald unersetzlich werden. Illegale Tätigkeit war nicht die besondere Stärke der deutschen Sozialdemokraten. Leo machte sie mit konspirativen Methoden vertraut und schuf innerhalb kurzer Zeit ein gut funktionierendes «unterirdisches» System, das pyramidenartig aufgebaut war und sich über ganz Deutschland erstreckte. Nach bewährter Methode wechselte er häufig seine Identität und sein Quartier, traf sich mit vertrauten Personen nie zweimal am selben Ort, übermittelte Nachrichten und Anweisungen am liebsten mündlich über Kuriere. In seiner Nachbarschaft hielt man ihn für einen wohlhabenden Schweizer Geschäftsmann, für einen Schriftsteller, einen Naturforscher, einen Lebensmittelschieber …

Mathilde Jacob, die in ihrem kleinen privaten Schreibbüro zunächst nur für Rosa Manuskripte getippt hatte, war in dieser Zeit die «gute Seele» der Spartakusgruppe. Sie schrieb, organisierte, reiste in Leos Auftrag, und in vielen wichtigen Angelegenheiten schätzte er ihren persönlichen Rat. Neben Rosa Luxemburg war wohl Mathilde der einzige Mensch, der mit Leo so eng zusammenarbeitete und dem er so vorbehaltlos vertraute.

Mathilde wußte genau, was Leos Engagement für die Existenz der revolutionären Linken bedeutete: «Nie hatte ich solche Hingabe, so viel persönliche Aufopferung kennengelernt, wie ich sie jetzt bei Leo Jogiches beobachten konnte. Er war Verschwörer in Reinkultur: Ohne persönlichen Ehrgeiz, ruhig und zielklar erledigte dieser Revolutionär seine Obliegenheiten. Er kannte keine Ruhepausen bei der Arbeit, die er bis tief in die Nacht, nicht selten bis zum frühen Morgen ausdehnte. Er hatte weder Sonn- noch Feiertage. Es schien, als ob er Schlaf und Nahrung entbehren konnte. Von den meisten vor Kriegsbeginn und kurz nachher tätig gewesenen Genossen im Stich gelassen, leistete Leo Jogiches in dieser kritischen Zeit Außerordentliches. Sein Urteil über die deutschen Parteigenossen, die ihm helfen sollten, war, einige wenige ausgenommen, vernichtend. Behaupteten sie, dies oder jenes könnten sie nicht leisten, mit der Begründung, ihre Kraft würde versagen, oder brauchten sie Ausflüchte anderer Art, so sagte Leo Jogiches: ‹Sollen sie doch erst versuchen, ob sie bei der Arbeit zusammenbrechen; es ist unappetitlich, mit solchen Genossen zu arbeiten.› Keinen aber gab es, der Leo Jogiches' Charaktereigenschaften nicht hoch einschätzte oder seine persönlichen Leistungen nicht bewunderte. Das taten selbst jene, die seinen Zorn zu fühlen bekamen.»

Aber auch dem mit allen Wassern der illegalen Routine gewaschenen Leo unterliefen gelegentlich Fehler. Zum Beispiel fiel Nachbarn auf, daß er von einem Tabakgeschäft täglich Telefongespräche führte. Außerdem war seine Wirtin (mit der er ein Verhältnis hatte) sehr neugierig und eifersüchtig, sie versuchte, seine Besucher auszufragen, und lief ihnen nach, um herauszubekommen, wer sie waren. Leos Tarnung war trotzdem so verwirrend, daß es eines Spitzels bedurfte, um seiner habhaft zu werden. Der Spitzel war in eine der Untergruppen eingeschleust worden, er wies die Polizei auf eine geheime Zusammenkunft hin. Die Mitglieder dieses Treffens wurden verhaftet, und dabei ging der Polizei zufällig auch der Führer der Spartakusgruppe ins Netz. Die Staatsanwaltschaft ermittelte in vierzig verschiedenen Städten, aber es gelang nicht, Leo nachzuweisen, daß er der gesuchte «kleine Herr» war, den die vielen Zeugen so unterschiedlich beschrieben. Die Untersuchungsbehörden verirrten sich in dem komplizierten Netz falscher Spuren, das Leo vorsorglich ausgelegt hatte. Er wurde schließlich wieder freigelassen.

Die Nachricht von der Erhebung der russischen Arbeiter und Frontsoldaten 1917 elektrisierte Rosa und ließ die quälenden Zweifel am Sinn ihres Daseins etwas verebben. Ihre Gedanken kreisten um das ferne Ereignis, sie versuchte mit Hilfe der wenigen Informationen, die ihr zur Verfügung standen, die Bedeutung des Geschehenden zu erfassen und zu verarbeiten. Bei der ersten der beiden Revolutionen, im Februar 1917, handelte es sich um das Ende der Zarenherrschaft, um die Konstitution einer bürgerlichen Republik. Die zweite Revolution aber, die schon im Herbst 1917 folgte, fegte die bürgerliche Regierung hinweg, die Bolschewiki mit Lenin an der Spitze übernahmen die Macht und schickten sich an, die *Diktatur des Proletariats* zu errichten. Über die weite Entfernung zwischen Berlin und Schlesien hin tauschten sich Leo und Rosa darüber aus, was diese Oktoberrevolution für die deutschen Linken bedeutete und daß es für das Schicksal dieser Revolution bedeutsam sein würde, wie sich die deutsche Sozialdemokratie zu ihr stellte – ob es auch in Deutschland zu einer revolutionären Erhebung kommen würde. Leo überschätzte die revolutionäre Stimmung in der deutschen Bevölkerung. Die Menschen hatten nach drei Kriegsjahren genug vom Hungern und vom Kämpfen, sie wollten endlich Frieden, sie wollten nicht mehr täglich um ihre Söhne, Brüder und Väter an den Fronten bangen, und sie sehnten sich nach gefüllten Kochtöpfen. Die Hungerkrawalle im *Kohlrübenwinter* 1917 hatten sicher wenig zu tun mit der Sehnsucht nach einer sozialistischen Republik.

An Luise Kautsky schrieb Rosa aus dem Gefängnis: «Begreifst Du denn nicht, daß dies unsere eigene Sache ist, die dort siegt und triumphiert, daß es die Weltgeschichte in Person ist, die dort ihre Schlachten schlägt und freudetrunken die Carmagnole tanzt? Muß man denn nicht alle Privatmisere bei solchem Gang der allgemeinen Sache vergessen?»

Sie litt darunter, in diesem wichtigen Augenblick der

Weltgeschichte eingesperrt zu sein, daß sich ihre Mitwirkung auf das Mitdenken beschränken mußte. Das allerdings tat sie mit Elan und Geistesschärfe. Sie schrieb Artikel und Essays für die *Spartakusbriefe* – das illegal erscheinende Organ der Spartakusgruppe – und vor allem ihren erstaunlich weitsichtigen und über die Zeit hinaus bedeutsamen Essay *Zur russischen Revolution*, der ihre Haltung zur Revolution und zur Handhabung der Macht durch die Bolschewiki darlegt und in gewisser Weise als ihr politisches Testament gilt. Nach ihrem Tod wurde der Aufsatz von den deutschen und sowjetischen Kommunisten als «Irrtum» abgetan – als hätte sie hinter den Kerkermauern nicht den richtigen Durchblick gehabt.

Allerdings hatte sich Rosa Luxemburg schon in früheren Arbeiten mit Lenin und den Bolschewiki auseinandergesetzt; und der jetzt im Gefängnis geschriebene Text war keine Entgleisung einer desinformierten Gefangenen, sondern die Fortsetzung und Vollendung einer grundsätzlichen Auseinandersetzung. Er enthält einen Satz, der wohl der meistzitierte ihres Werkes überhaupt ist: «Freiheit nur für die Anhänger der Regierung, nur für Mitglieder einer Partei – mögen sie noch so zahlreich sein – ist keine Freiheit. Freiheit ist immer Freiheit der Andersdenkenden.» Rosas kritischer Essay wurde aber damals weder in Deutschland noch in Rußland bekannt.

Zur russischen Revolution verkörpert in gewisser Weise auch Leos politisches Vermächtnis. Viele Werke Rosa Luxemburgs – vor allem die vor ihrem privaten Zerwürfnis mit Leo entstandenen – enthalten Gedankengut, das aus ihren gemeinsamen Überlegungen erwachsen ist. Dieser späte Essay weist ganz deutlich auch auf Leos theoretische Überlegungen zum Themenkreis Partei – Revolution – Macht hin und schließt den Bogen zu Rosas und Leos konzeptionellen Anfängen.

Im Sommer 1917, zwischen den beiden Revolutionen in Rußland, verhandelte die deutsche Regierung mit der russischen über den Austausch von Gefangenen. Auf diesem

Wege kam zum Beispiel Rosas und Leos alter Freund Julian Marchlewski frei, der immer noch russischer Staatsangehöriger war und sich seit der Verhaftungswelle 1916 ebenfalls in militärischer Schutzhaft befunden hatte. In einem ausführlichen, von Mathilde überbrachten Kassiber riet Leo jedoch Rosa dringend ab, sich austauschen zu lassen. Er erinnerte sie daran, daß sie 1906 nach ihrer Verhaftung in Warschau ihre deutsche Staatsbürgerschaft geltend gemacht hatte, und ermahnte sie, «daß man entweder Deutsche oder Russin ist, nicht je nachdem; und gibt man das Deutschtum nicht auf, so soll man das Russentum nicht ins Feld führen.» Wie wäre Rosas Schicksal verlaufen, wenn sie nicht auf Leo gehört und doch einen Austausch beantragt hätte?

Marchlewski jedenfalls machte in der Sowjetunion eine steile politische Karriere; knapp neunundfünfzigjährig und hoch geehrt, starb er 1925 – an Tuberkulose. Er mußte nicht mehr erleben, daß Stalin die gesamte alte russische und polnische Parteielite hinrichten oder in Lagern verschwinden ließ.

Als Rosa im März 1918 von Leos Verhaftung erfuhr, beschwor sie Mathilde, für ihn zu sorgen wie für sie selbst; denn Leo war kein Schutzhäftling und mußte die für normale Untersuchungsgefangene üblichen Haftbedingungen ertragen – und die waren im letzten Kriegsjahr besonders furchtbar. Sie sparte sich Essen ab, grübelte über die Beschaffung von Zigaretten nach, bestimmte ihre Bettlaken dazu, daß daraus Leibwäsche für Leo genäht würde. Und sie bemühte sich sogleich darum, Mittel und Wege zu Leos Austausch zu finden. Denn wenn Leo auch nur zufällig verhaftet worden war, konnte man sich doch nicht unbedingt darauf verlassen, daß die Untersuchungsbehörden nicht durch Indizien oder durch einen Verräter darauf kamen, welche Rolle er in Wirklichkeit für die revolutionäre Bewegung spielte. Rosas Befürchtung, ihm drohe in diesem Falle die Todesstrafe, war nicht aus der Luft gegriffen. Sie wußte Bescheid über Leos Anteil bei der Organisation des politischen Massenstreiks im Januar 1918, an dem eine halbe Million Berliner Arbeiter beteiligt gewesen waren – darunter die Arbeiter der Rüstungsindustrie. Das Oberkommando hatte damals den verschärften Belagerungszustand verhängt und Kriegsgerichte gegen die Streikenden eingesetzt.

Rosa hoffte, daß Leo für einen Austausch in Frage käme, da er noch als russischer Staatsbürger galt. Aus ihrer Zelle in Wronke schrieb sie deswegen an Marchlewski, der in Moskau Volkskommissar für Lebensmittelversorgung geworden war – Rosa ging davon aus, daß er genügend Einfluß besaß, um Leos Austausch in die Wege zu leiten, denn seine Stellung entsprach der eines Ministers. Der Brief wurde von Mathilde Jacob aus dem Gefängnis geschmuggelt und über die russische Botschaft in Berlin an den Adressaten geleitet. Rosa fürchtete zwar, nicht offen schreiben zu können, weil der Brief in der Botschaft gelesen würde und sie in ihren politischen Äußerungen deshalb vorsichtig sein müßte, um nicht mißverstanden zu werden. Sie beschwor den alten Freund und Kampfgefährten, sich gemeinsam mit Jozef für Leos Befreiung einzusetzen. Jozef – das war Feliks Dzierzynski, auch er ein Genosse aus den Entstehungsjahren der SDKPiL; er leitete jetzt in Moskau die Tscheka, den Sicherheitsdienst der Bolschewiki. Seit Leos Verhaftung war die Arbeit des Spartakusbundes «vor die Hunde gegangen», schrieb Rosa an Marchlewski. «Es sind alles Waschlappen und dazu haben sie noch keine ‹Zeit›, vor allem wenn die Arbeit sich nicht bar bezahlt macht.» Sie beklagte, daß die Genossen lieber für die russische Botschaft in Berlin arbeiteten, denn dort würden sie hochbezahlt, statt sich der gefährlichen und natürlich unbezahlten illegalen Tätigkeit zu widmen. Trotz dieses berechtigten Zorns galt jedoch Rosas Sorge vor allem Leos Person.

Aber Julian Marchlewski war völlig von seinem wichtigen Amt beansprucht. Außerdem wurden ihm – man weiß nicht von wem – «irgendwelche niederträchtigen Gerüchte» über

Leo zugetragen. Zu einem Austausch kam es nicht. In ihrem Brief an Marchlewski machte Rosa allerdings auch keinen Hehl aus ihrer Ablehnung bestimmter Methoden der bolschewistischen Regierung. Vor allem war sie entsetzt über die Ankündigung, jeden Angriff auf die Sowjetmacht mit *rotem Terror* zu beantworten. «Hingegen fürchte ich, daß Jozef sich verrannt hat, wenn er glaubt, daß man mit Energie beim Aufspüren von ‹Verschwörungen› und beim Ermorden von ‹Verschwörern› die ökonomischen und politischen Löcher stopfen kann.»

Leo blieb im Gefängnis, genauso wie Rosa. Die Kommunikation zwischen beiden war noch nie so schwierig gewesen – selbst in den Zeiten schwerster persönlicher Mißverständnisse hatten sie doch immer täglich Briefe wechseln und gelegentlich einander besuchen können. Jetzt waren sie getrennt durch die doppelten Kerkermauern. Nur die treue Mathilde hielt den Kontakt aufrecht – und nicht ein einziges Mal gab es eine Panne bei der komplizierten und nervenaufreibenden Nachrichtenübermittlung – für die sie übrigens, wäre sie erwischt worden, ebenfalls hinter Gitter gekommen wäre.

Leo erkrankte an Neurasthenie und verbrachte einen Großteil seiner Haftzeit im Lazarett. Er litt nicht nur unter den Haftbedingungen, sondern vor allem unter der verlorenen Zeit – ihm war klar, daß er gegen Lenin verloren hatte. Leo hatte sich nie von den Bolschewiki vereinnahmen lassen wollen, und er warnte auch die Mitglieder der Spartakusgruppe vor dieser Gefahr: «Wir sollten auf keinen Fall als ein Ableger der russischen Bolschewisten auftreten!» 1906, während Rosa und Leo in Warschau in der Festung saßen, hatten sich die polnischen mit den russischen Sozialdemokraten zusammengeschlossen. Für dieses Ziel hatte Leo hartnäckig gearbeitet. Aber die endlich erreichte Einheit stand immer nur auf dem Papier. Erbitterte Fraktionskämpfe und Spaltungen schwächten die Partei. Allmählich hatte Leo erkennen müssen, daß es den Bolschewiki gar nicht um eine wirkliche Einigung ging – sie wollten nicht etwa nur diejenigen ausschließen, die sich der Einheit widersetzten, sondern sie griffen nach der Alleinherrschaft über die Bewegung. Leo dagegen erstrebte eine russische Gesamtpartei nach dem organisatorischen Vorbild der deutschen Sozialdemokratie: Die verschiedenen Strömungen sollten sich innerhalb der Partei auseinandersetzen, statt sich zu spalten; nur so konnte die Kampfkraft der Partei erhalten bleiben.

Jetzt aber, mit seiner Verhaftung, war Leos Einfluß abrupt beendet worden. Und von der siegreichen russischen Revolution und ihrem Führer Lenin ging ein starker Sog aus. Die Linken in der deutschen Sozialdemokratie schwenkten unter dem Einfluß von Lenins Emissären auf die Linie der Bolschewiki um, und der Gedanke, sich von der SPD zu trennen und eine eigene linksradikale Partei zu gründen, faßte Raum. Leo empfand sein Scheitern als unwiderruflich und sehr schmerzlich. An seine Freundin Jenny schrieb er aus der Gefängniszelle: «Diese Zeit kehrt nicht wieder. Sie ist verloren für das Leben. Für die geistige und sonstige Arbeit – für alles. Und das ist das Bedauerlichste!»

Im Oktober 1918 kam Liebknecht aus dem Zuchthaus frei. In der russischen Botschaft in Berlin wurde ihm zu Ehren ein Essen gegeben. Liebknecht erklärte sich konform mit der Politik der Bolschewiki und übernahm die Führung der Spartakusgruppe. Mathilde Jacob war ebenfalls auf diesem Bankett: «Man aß von dem Geschirr des ehemaligen Zaren. Das russische Zarenwappen auf dem Service, dem Silber und den Kristallpokalen sprach eine beredte Sprache von der Vergänglichkeit aller Dinge. Mir war unbehaglich zumute bei diesem Mahl, das Rosa Luxemburg nicht gutgeheißen hätte in einer Zeit, wo die Volksgenossen Hunger litten.»

Der Matrosenaufstand in Kiel Anfang November 1918 markierte den Beginn der Revolution in Deutschland. Am 9. No-

172

Rosas Freundin Mathilde Jacob über Karl Liebknecht: «Ich bewunderte seinen Mut und seine Ausdauer, ich schätzte seine freundliche und kameradschaftliche Art. Oft aber waren seine Handlungen tollkühn und nicht frei von Eitelkeit.»

vember griff die Erhebung auf Berlin über. Der Kaiser dankte ab und floh nach Holland, die Republik wurde ausgerufen – kurioserweise gleich zweimal: Scheidemann proklamierte die freie deutsche Republik, Liebknecht die freie sozialistische Republik. Zum Reichskanzler wurde der Sozialdemokrat Friedrich Ebert ernannt, der gesagt hatte, er hasse die Revolution wie die Sünde, und der sich sofort mit der Obersten Heeresleitung ins Einvernehmen setzte, um «Ruhe und Ordnung» herzustellen.

Liebknecht wurde von den Anhängern der Spartakusgruppe stürmisch gefeiert, wo immer er auftrat. An Leo Jogiches schien sich niemand mehr zu erinnern – als die bewaffneten revolutionären Trupps die politischen Häftlinge aus den Gefängnissen befreiten, wurde er zunächst vergessen und schließlich als allerletzter aus seiner Zelle geholt. Er war so schwach, daß er kaum ohne Hilfe gehen konnte.

Auch Rosa war am Abend des 9. November freigelassen worden und hielt sich zunächst noch in Breslau auf. Leo brachte Mathilde Jacob auf den Gedanken, ihr nach Frankfurt/Oder entgegenzufahren und sie abzuholen. Aber es gelang Mathilde nicht, mit dem eigens requirierten Militärlastwagen aus Berlin hinauszukommen. Der Wagen blieb im allgemeinen Chaos stecken.

Bezeichnenderweise kannten die revolutionären Soldaten, die Mathilde für ihr Unternehmen als Begleitmannschaft beigegeben waren, zwar den Namen Karl Liebknechts, aber wer eigentlich diese Rosa Luxemburg war, die sie in Frankfurt abholen sollten, wußten sie nicht.

Rosa schlug sich allein nach Berlin durch. In den Redaktionsräumen der von der Spartakus-Führung herausgegebenen Zeitung traf sie auf Leo. Beide waren gealtert, von Krankheiten geschwächt, von der Haft gezeichnet. Für wehmütige Reminiszenzen war keine Zeit, kein Platz. Nach eingeübtem Muster gingen sie unverzüglich an die Arbeit: sie übernahmen die Redaktion der Zeitung, die beinahe genauso hieß wie

November 1918 – Revolution in Berlin. Bezeichnenderweise kannten viele der revolutionären Soldaten zwar den Namen Karl Liebknechts, aber wer eigentlich diese vielzitierte Rosa Luxemburg war, wußten sie nicht.

das Revolutionsblatt vor fünfzehn Jahren in Polen: *Die Rote Fahne.*

Auch im revolutionären Berlin mußte täglich – wie damals in Warschau – darum gekämpft werden, daß die Zeitung überhaupt gedruckt werden konnte. Die Spartakisten fanden immer weniger Sympathie in der Öffentlichkeit. Die Regierung ließ gezielte Aufrufe verbreiten, daß die Spartakus-Leute am Chaos, am Hunger, an den fortdauernden Unruhen schuld seien und Deutschland dem Bolschewismus überantworten wollten. Rosa Luxemburg erkannte genau, daß sie zwischen zwei Feuern stand: auf der einen Seite die Führer der Sozialdemokratie, die sich plötzlich als Regierungspartei sahen und diesen unverhofften Status nicht gefährden wollten, auf der anderen Seite die im vergangenen Jahr unter Lenins Einfluß geratenen Spartakus-Mitglieder, die nicht länger warten und eine siegreiche sozialistische Revolution erzwingen wollten – wie die Bolschewiki.

Ende Dezember entstand in Berlin aus dem Spartakusbund die Kommunistische Partei Deutschlands. Rosa Luxemburg, Karl Liebknecht und Leo Jogiches wurden in den Parteivorstand gewählt. Das Programm hatte Rosa Luxemburg verfaßt. In ihrer Rede auf dem Gründungsparteitag mahnte sie die Delegierten zur Geduld. Daß der Kaiser abgedankt hatte, war nur der erste Schritt – die Novemberrevolution war eine bürgerliche, keine sozialistische Revolution. Wenn die KPD den Weg zum Sozialismus gehen wollte, würde das eine längere Phase von politischen und ökonomischen Veränderungen erfordern, die nicht auf der Straße, nicht in einem Handstreich zu bewältigen waren. Aber ihre Mahnung wurde nicht befolgt. Liebknechts unüberlegter Aufruf zu einem erneuten Aufstand Anfang des neuen Jahres konnte nur eine opferreiche Niederlage zur Folge haben. Dieses sinnlose Blutvergießen war es, was Rosa am meisten gefürchtet hatte. Im Januar übernahm der Sozialdemokrat Noske mit der Bemerkung «Einer muß der Bluthund sein» das Oberkommando über die Truppen, um die Revolution endgültig niederzuwerfen und die sozialdemokratische Regierungsgewalt zu stabilisieren. Als am 19. Januar 1919 Wahlen zur Nationalversammlung stattfanden, lebte Rosa schon nicht mehr, und entgegen ihrem dringenden Rat boykottierte die Kommunistische Partei die Wahlen.

Schon im Dezember waren an den Berliner Litfaßsäulen Plakate aufgetaucht, die zum Mord an Liebknecht und Luxemburg hetzten. Im Januar eskalierte diese Kampagne: Kopfprämien von 100000 Reichsmark wurden versprochen; noch heute ist ungeklärt, ob diese Kopfgelder von der Regierung ausgesetzt waren.

Die letzten Lebenstage der beiden Gejagten waren bestimmt durch die Hetze von einem illegalen Unterschlupf zum nächsten. Nirgends wollte man sie länger behalten, alle hatten Angst. Mathilde Jacob beschwor Liebknecht, jeweils ein von Rosa getrenntes Quartier zu beziehen, damit die Gefahr des Entdecktwerdens geringer wäre. Aber Liebknecht weigerte sich; ohne Rosas ständige räumliche Nähe könnte er seine Aufgaben nicht erfüllen.

Am 14. Januar wurde Leo verhaftet. Mathilde versprach Rosa, ihn ausfindig zu machen und sich um ihn zu kümmern. Aber bei ihrer Suche wurde Mathilde am nächsten Morgen selbst festgenommen. «Die Wachmannschaften umkreisten mich gleich wilden Tieren. Sie waren in einer erschreckenden Pogromstimmung. In das kleine Zimmer, in das ich schließlich gebracht worden war, kamen fortwährend Soldaten; sie starrten mich neugierig an. Denn bei meinem Eintreffen hatte sich die Nachricht verbreitet, ich sei Rosa Luxemburg, die man verhaftet hätte.»

Der Irrtum klärte sich schnell auf, aber trotzdem blieb Mathilde fast zwei Wochen in Untersuchungshaft, weil zu Recht vermutet wurde, sie habe für die KPD gearbeitet. Nach einigen Tagen besuchte ein Anwalt Mathilde im Gefängnis. «Auf meine Frage, was draußen los sei, antwortete er: ‹Nichts

Neues. Rosa Luxemburg und Karl Liebknecht sind ermordet. Nun ist wieder Ruhe eingetreten.›»

Am späten Abend des 15. Januar waren Liebknecht und Rosa Luxemburg von einer freiwilligen Bürgerwehrtruppe in ihrem Unterschlupf in der Mannheimer Str. 43 aufgespürt worden. Die Bürgerwehrmänner hatten natürlich keinen Haftbefehl, und sie brachten die beiden auch nicht etwa zur Polizei, sondern dorthin, wo sie die erhoffte Belohnung erhalten würden: zum Hauptquartier der Gardekavallerie-Schützen-Division. Das befand sich in einem Nobelhotel nahe der Gedächtniskirche, gegenüber dem Zoologischen Garten. In diesem Hotel mit dem paradiesischen Namen *Eden* verhörte Hauptmann Pabst die *angelieferte* Rosa Luxemburg und beschloß dann, nachdem er sich telefonisch mit Noske beraten hatte, sie *erledigen* zu lassen.

Als Rosa gegen 23.45 Uhr die Treppe hinuntergebracht wurde, riefen die Soldaten: «Da kommt die alte Hure!» Um dieselbe Zeit war Liebknecht bereits von Pabsts Leuten im Tiergarten erschossen und als *unbekannter Toter* auf einem Polizeirevier abgeliefert worden. Neben der Drehtür stand der Soldat Runge. Er hatte eine Stunde zuvor an der gleichen Stelle Liebknecht mit dem Gewehrkolben über den Schädel geschlagen. Als Rosa Luxemburg zum Ausgang geführt wurde, hieb Runge auch ihr mit dem Kolben mehrmals auf den Kopf. Bereits beim ersten Schlag sank sie bewußtlos um. Sie wurde durch die Drehtür nach draußen geschleift, dabei verlor sie einen Schuh, den die Soldaten später im *Eden* als Trophäe herumreichten. Vor dem Hotel wurde sie in einen offenen Wagen verladen, in dem mehrere Offiziere saßen. Oberleutnant Vogel setzte sich neben die Leblose, drückte ihr die Pistole an die Schläfe und schoß. Rosa Luxemburg war sofort tot. Die Offiziere fuhren zum Landwehrkanal und warfen die Leiche ins Wasser.

In der am nächsten Tag veröffentlichten offiziellen Version der *Vossischen Zeitung* hörte sich das alles ganz anders an:

«Der Führer der Begleitmannschaften forderte die in einem Zimmer des ersten Stockes befindliche Frau Rosa Luxemburg auf, ihm schnell nach dem Wagen zu folgen und ging selbst zu ihrem Schutze vor ihr her, während die Begleitmannschaften sie umringten ... Da sich aber auch an der Straßenseite eine erregte Menschenmenge angesammelt hatte, welche gleichfalls dem Wagen zudrängte, so befand sich die Begleitmannschaft vorübergehend in einem erregten Menschenknäuel und wurde auseinandergerissen. In diesem Augenblick schlug die Menschenmenge auf Frau Luxemburg ein. Diese wurde von dem Führer der Transportmannschaften aufgefangen und bewußtlos von ihm und seinen Leuten in den Wagen gebracht ... Als sich dieser der Menge wegen langsam in Bewegung setzte, sprang plötzlich ein Mann aus der Menge auf das Trittbrett und gab auf Frau Luxemburg einen Pistolenschuß ab ... In diesem Augenblick drängte sich eine zahlreiche Menschenmenge an den Wagen heran, sprang auf die Trittbretter und zerrte unter den Rufen: Das ist die Rosa! den Körper der Frau Luxemburg aus dem Wagen heraus. Die Menge verschwand mit ihr in der Dunkelheit.»

Der *Vorwärts* druckte am 17.1. eine amtliche Verlautbarung zum Tode von Karl Liebknecht und Rosa Luxemburg ab, in der Scheidemann den Mord zu rechtfertigen versuchte: «Sie sind nun selbst Opfer ihrer eigenen blutigen Terrortaktik geworden. Bei Frau Luxemburg, einer hochbegabten Russin, ist mir der Fanatismus begreiflich, nicht aber bei Karl Liebknecht, dem Sohne Wilhelm Liebknechts, den wir alle verehrten ... Sozialdemokraten waren Liebknecht und Frau Luxemburg längst nicht mehr, denn den Sozialdemokraten sind die Gesetze der Demokratie heilig, gegen die sich jene auflehnten. Jener Auflehnung wegen ... mußten und müssen wir sie bekämpfen.»

Leo, dem es durch sein geschicktes Verhalten gelungen war, wieder freizukommen, war tief verstört. Entgegen allen Konspirationsregeln fuhr er mit Mathilde Jacob in Rosas

Wohnung, wo er sich lange aufhielt. In Gedanken versunken nahm er einzelne Gegenstände auf und betrachtete sie voller Trauer. Ab und zu brach er das quälende Schweigen, um Mathilde an Erinnerungsfetzen aus seinem Leben mit Rosa teilhaben zu lassen. «Über Rosas Verlust werde ich nicht hinwegkommen», sagte er. Schließlich beauftragte er Mathilde, den Mietvertrag zu verlängern – er selbst wollte vorerst in Rosas Wohnung wohnen. Er sagte zu ihr: «Sobald wieder geordnete Verhältnisse eintreten, gehe ich nach Skandinavien. Dort zu leben ist lange mein Wunsch. Es ist auch das einzige Land, das ich ohne Rosa aufgesucht habe. In anderen Ländern, die ich liebe und wohin ich gern ginge, würde ich immer an die mit Rosa dort verlebte Zeit erinnert werden.»

Pro forma wurde eine Untersuchung gegen den für den Mord an Rosa verantwortlichen Offizier eingeleitet: er hätte die fiktive Menschenmenge durch eventuellen Waffengebrauch an der Ermordung der Luxemburg hindern müssen. Wahrscheinlich wäre das Verfahren im Sande verlaufen, hätte nicht die *Rote Fahne* am 12. Februar 1919 auf ihrer ersten Seite einen aufsehenerregenden Artikel veröffentlicht. Der Verfasser hieß Leo Jogiches. Leo hatte in aller Stille gründlich recherchiert. Er beschrieb die tatsächlichen Ereignisse am Abend des 15. Januar, er benannte die Schuldigen und klagte die Untersuchungsbehörden an, die – statt Licht in die Sache zu bringen – mit Verdunklung und Vertuschung beschäftigt waren.

Dieser Artikel beunruhigte die Öffentlichkeit dermaßen, daß die Behörden nun endlich eine reguläre Untersuchung einleiteten und einen Prozeß anberaumten. Die beteiligten Offiziere wurden verurteilt, danach verhalf man ihnen zur Flucht ins Ausland. Der einzige, der tatsächlich ins Gefängnis mußte, war der Soldat Runge. In den dreißiger Jahren richtete er deshalb mehrere Bittschriften an die Behörden und an Hitler persönlich und erhielt schließlich eine hohe Entschä-

Für die Aufklärung des Mordes an Rosa Luxemburg und Karl Liebknecht bezahlte Leo mit seinem Leben: «Ein furchtbares Martyrium begann jetzt für Leo Jogiches. Es war draußen zu hören, wie man ihn marterte und dann sahen wir, wie er hinausgestoßen wurde. In der Wachstube hörten wir einen Revolverschuß.»

digung, denn – so die Begründung – er habe damals in Staatsnotwehr gehandelt.

Der Artikel vom 12. Februar 1919 war der letzte Dienst, den Leo Rosa erwies. Er bezahlte ihn mit seinem Leben. Am 10. März 1919 wurde er verhaftet, ins Gefängnis Moabit gebracht und dort noch am gleichen Tag ermordet.

Ein Mithäftling beschrieb, was an jenem Tag geschah: «Ein furchtbares Martyrium begann jetzt für Leo Jogiches. Man trennte ihn von uns und er mußte sich zunächst an ein Fenster stellen. Später rief man ihn ins Zimmer der Offiziere, wo er unbarmherzig geschlagen wurde; es war draußen zu hören, wie man ihn marterte, und dann sahen wir, wie er hinausgestoßen wurde ... In der Wachstube hörten wir einen Revolverschuß, der vom Flur des Kriminalgebäudes herkam.»

Ein Polizeibeamter namens Tamschick hatte Leo auf der Treppe von hinten in den Kopf geschossen. Der Mord an Leo ist niemals untersucht worden.

Mit dem Bruder von Karl Liebknecht ging Mathilde Jacob zum Leichenschauhaus, um Jogiches zu suchen. «Frau, bleiben Sie draußen», sagte der Türhüter zu Mathilde, «den Anblick werden Sie nie wieder los.» Theodor Liebknecht ging allein hinein und identifizierte Leos von den Mißhandlungen entstellten Leichnam. Mathilde bat Käthe Kollwitz, die Liebknecht auf dem Totenbett gezeichnet hatte, auch von Leo eine Erinnerungsskizze anzufertigen. «Früh wieder einmal im Leichenschauhaus gewesen und einen Erschossenen gezeichnet», notierte Käthe Kollwitz am 16. März in ihrem Tagebuch. «Es war ein Russe, sie nannten ihn hier immer Leo.»

An Leos Beerdigung nahmen nur wenige Personen teil. Ganz anders, als Rosa begraben wurde, Monate später, im Juni 1919. Ihr Leichnam war am 31. Mai angespült und von einem Schleusenwärter entdeckt worden. Mathilde Jacob hatte die Tote anhand des Kleides, der Handschuhe und eines Medaillons identifiziert. Gegen eine Gebühr von drei Mark überließ man ihr die sterblichen Überreste ihrer Freundin. Rosa wurde auf dem Friedhof Friedrichsfelde begraben, neben Karl Liebknechts letzter Ruhestätte. Der Leichenzug wuchs zu einer gewaltigen Demonstration, in der 600 Kränze mitgeführt wurden. In den zwanziger Jahren ließ die KPD-Führung um die letzte Ruhestätte von Karl Liebknecht und Rosa Luxemburg eine monumentale Gedenkstätte errichten, die während der Nazizeit zerstört und danach wieder aufgebaut wurde. Das Grab von Leo Jogiches ist nicht mehr auffindbar.

Der von Rosa und Leo geschätzte und gelegentlich zitierte Hegel hatte in seiner *Philosophie der Weltgeschichte* geschrieben: «Das Particulare ist meistens zu gering gegen das Allgemeine: die Individuen werden aufgeopfert und preisgegeben.»

Danksagung

Gern erinnere ich mich an die vielen Begegnungen und Begebenheiten, die auf verschiedene Weise mit dem Entstehen dieses Textes verknüpft sind.

Ausdrücklich danke ich an dieser Stelle

Feliks Tych (Warschau)
für fachliche Beratung;

Halina Luxemburg-Wieckowska (Warschau)
für Auskünfte über die Familie Luxemburg;

Margaret Vallance und Peter Barker (London)
sowie Kurt Wünsch (Halle / Saale)
für Unterstützung bei der Vervollständigung
meines Archivs;

Anna Sacharowa (Potsdam)
und Gennadi Kagan (Petersburg)
für Übersetzungen;

Marco Mühle und Patrick Cornelius (Potsdam)
für die Herstellung der Vorlagen für die Abbildungen.

Maria Seidemann

Quellen und Literatur

Unveröffentlichte Quellen

Polizeiakte über die Verhaftung und Verurteilung von Rosa Luxemburg und Leo Jogiches in Warschau 1906–1907. Staatl. Museum der Oktoberrevolution in Petersburg, Archiv, F. 2, No. 4749, g.I, II15–16, podlinnik. (russ.)

Gedruckte Quellen; Dokumentationen

Luxemburg, Rosa: Gesammelte Werke, Band 1–5, Berlin 1970–1975
Luxemburg, Rosa: Gesammelte Briefe, Bd. 1–6, Berlin 1982–1993
Luksemburg, Roza: Listy do Leona Jogichesa-Tyszki, Tom 1–3, Warszawa 1968 (polnisch)
Tych, Feliks: Ein unveröffentlichtes Manuskript von Rosa Luxemburg zur Lage in der russischen Sozialdemokratie (1911), in: IWK 27, Berlin, Sept. 1991, H. 3
Geyer, Dietrich: Kautskys Russisches Dossier. Deutsche Sozialdemokraten als Treuhänder des russischen Parteivermögens 1910–1915. Frankfurt a. M. / New York 1981
Adler, Victor: Briefwechsel mit August Bebel und Karl Kautsky. Wien 1954
Materialien des Internationalen Rosa-Luxemburg-Symposiums 1991, in: BzG 4/91, Berlin 1991
Grupa Osvoboshdenija Truda iz archivov G. W. Plechanow, Zazulitscha i Deijtscha. Moskau/Leningrad 1928, Bd. 2 (russ.)

Erinnerungen; Memoiren

Kollwitz, Käthe: Bekenntnisse. Leipzig 1981
Dzierzynska, Zofia: Jahre großer Kämpfe. Berlin 1977
Figner, Vera: Nacht über Rußland. Lebenserinnerungen. Berlin 1985
Jacob, Mathilde: Von Rosa Luxemburg und ihren Freunden in Krieg und Revolution 1914–1919, in: IWK 24, Berlin, Dez. 1988, H. 4
Karl und Rosa. Erinnerungen. Zum 100. Geburtstag von Karl Liebknecht und Rosa Luxemburg. Berlin 1971

Biographien; Monographien

Badia, Gilbert: Rosa Luxemburg, Journaliste, Polémiste, Révolutionnaire. Paris 1975 (frz.)

Ettinger, Elzbieta: Rosa Luxemburg, A Life. London, New York 1988 (engl.)

Nettl, John Peter: Rosa Luxemburg. Köln/Berlin 1965

Frölich, Paul: Rosa Luxemburg, Gedanke und Tat. Berlin 1990

Kautsky, Luise: Rosa Luxemburg. Ein Gedenkbuch. Berlin 1929

Roland Holst-van der Schalk, Henriette: Rosa Luxemburg. Ihr Leben und Wirken. Zürich 1937

Quack, Sibylle: Geistig frei und niemandes Knecht, Paul Levi/Rosa Luxemburg. Politische Arbeit und persönliche Beziehung. Köln 1983

Drabkin, Jakow: Die Aufrechten. Karl Liebknecht, Rosa Luxemburg, Franz Mehring. Berlin 1988

Hannover, Heinrich und Hannover-Drück, Elisabeth: Der Mord an Rosa Luxemburg und Karl Liebknecht. Dokumentation eines politischen Verbrechens. Göttingen 1989

Gietinger, Klaus: Eine Leiche im Landwehrkanal. Die Ermordung der Rosa L. Berlin 1995

Schumacher, Horst und Tych, Feliks: Julian Marchlewski-Karski. Eine Biographie. Berlin 1966

Jowtschuk, Michail und Kurbatowa, Irina: Georgi Plechanow. Eine Biographie. Berlin 1983

Soden, Christine v. (Hg.): Rosa Luxemburg. Berlin 1995

Stadtler-Labhart, Verena: Rosa Luxemburg an der Universität Zürich 1889–1897. Zürich 1978

Strobel, Georg W.: Die Partei Rosa Luxemburgs – Der polnische «europäische» Internationalismus in der russischen Sozialdemokratie, Lenin und die SPD. Wiesbaden 1974

Dziewanowski, M. K.: The Communist Party of Poland. An Outline of History. Cambridge, Mass., 1959 (engl.)

Giterman, Valentin: Geschichte Rußlands, Bd. 3. Hamburg 1949

Aufsätze

Jakobs, Jack: Vom Vater geprägt: Rosa Luxemburg, die polnischen Maskilim und die Ursprünge ihrer Ansichten. In: ders., Sozialisten und die «Jüdische Frage» nach Marx. Mainz 1994

Luban, Ottokar: Die «innere Notwendigkeit, mithelfen zu dürfen». Zur Rolle Mathilde Jacobs als Assistentin der Spartakusführung bzw. der KPD-Zentrale. In: IWK 29, Berlin, Dez. 1993, H. 4

Luban, Ottokar: Ermittlungen der Srafverfolgungsbehörden gegen

Mathilde Jacob und Leo Jogiches (1915–1918), Ergänzungen zu ihren politischen Biographien. In: IWK 31, Berlin, Sept. 1995, H. 3

Catarius, Ulrich: Leo Jogiches-Tyszka als Mensch und Politiker in Deutschland. In: IWK 27, Berlin 1991, H. 3

Strobel, Georg W.: Die Legende von der Rosa Luxemburg. Eine politisch-historische Betrachtung. In: IWK 28, Berlin, Sept. 1992, H. 3

Derenkovskij, G. M.: Rosa Luxemburg in Petersburg und Kuokkala (1906) in: Voprosy istorii, 1973/3 (russ.)

Bogdanov, A. A.: Über den Arrest R. Luxemburgs und J. Tyszkas im Jahre 1906. In: Voprosy istorii 1962 (russ.)

Tych, Feliks: Der letzte Aufenthalt von Rosa Luxemburg in Warschau. In: Warszawa popowstaniowe 1864–1918, Studia Warszawskie II. Warschau 1968 (poln.)

Zetkin, Klara: Die russischen Studentinnen. Die Neue Zeit, Jg. 1888 H. VI. 8, S. 357–371

Belletristik

Knobloch, Heinz: Meine liebste Mathilde. Berlin 1985

Singer, Isaac Bashevis: Das Landgut. München u. Wien 1979

Singer, Isaac Bashevis: Das Erbe. München u. Wien 1981

Mickiewicz, Adam: Lyrik/Prosa. Leipzig 1979

Milosz, Czeslaw: Die Straßen von Wilna. München u. Wien 1997

Bildnachweis

Stiftung Archiv der Parteien und Massenorganisationen der DDR im Bundesarchiv, Berlin
S. 39, S. 101, S. 133, S. 151, S. 155
Centralne Archivum KC PZPR (jetzt: Archivum Lewicy Polskiej), Warschau
S. 20/21, S. 77, S. 87, S. 93, S. 129
Baugeschichtliches Archiv der Stadt Zürich
S. 37
Privatarchiv
S. 49, S. 72, S. 117, S. 121, S. 139, S. 142, S. 173, S. 175, S. 181

Rowohlt · Berlin